梁刚慧 ○ 著

点亮教育

『学研行』理念下的教育生态变革

点亮自己，成就他人；点亮学生，成就未来！

SPM 南方传媒

全国优秀出版社
全国百佳图书出版单位

广东教育出版社

·广 州·

图书在版编目（CIP）数据

点亮教育："学研行"理念下的教育生态变革/梁刚慧著.—广州：广东教育出版社，2022.11（2023.3重印）
ISBN 978-7-5548-5032-9

Ⅰ.①点… Ⅱ.①梁… Ⅲ.①地方教育—教育改革—研究—佛山 Ⅳ.①G527.655

中国版本图书馆CIP数据核字（2022）第184563号

点亮教育——"学研行"理念下的教育生态变革

DIANLIANG JIAOYU——"XUE YAN XING" LINIAN XIA DE JIAOYU SHENGTAI BIANGE

出 版 人：朱文清
责任编辑：王永岭
责任技编：吴华莲
装帧设计：罗　隽
责任校对：伍智慧　梁巧玲
出版发行：广东教育出版社
　　　　　（广州市环市东路472号12—15楼　邮政编码：510075）
销售热线：020-87615809
网　　址：http://www.gjs.cn
E-mail：gjs-quality@nfcb.com.cn
经　　销：广东新华发行集团股份有限公司
印　　刷：佛山市浩文彩色印刷有限公司
　　　　　（佛山市南海区狮山科技工业园A区）
规　　格：890 mm×1240 mm　1/32
印　　张：10.375
字　　数：220千
版　　次：2022年11月第1版
　　　　　2023年3月第2次印刷
定　　价：45.00元

作者梁刚慧（左）和教育家顾明远先生（右）合影

序一：仰望星空，脚踏实地

教育发展既要仰望星空，也要脚踏实地。从一所学校的特色文化发展，到一个区域教育的高质量发展与综合治理，均离不开理想愿景的引领与感召，更需要具有原创精神的实践智慧。而这正是本书作者梁刚慧和他引领的"学研行"教育进行生态变革的重要价值。

本书作者是一位充满理想情怀，又富有改革精神的基层教育的领导者。他基于自身教育实践，提出了"点亮教育"理念，构建教师学习共同体，以特色文化建设为抓手，将一所位置偏远的教学力量薄弱的学校办成了省内外知名的素质教育名校。

作为区域教育的管理者，在人称"广东第一镇"的佛山市南海区狮山镇，作者提出了"培育岭南教育名镇"的宏大愿景，以原创性的"学研行"组织建设理念为指引方法，改革教育行政治理、创新区域教研工作机制、推进学校文化整体变革、激励教师专业群体成长，打造了一座生机蓬勃的、充满人文情怀的教育现代化城镇。

本书以教育叙事的方式，用生动、鲜活的笔触记录了作者的教育成长历程，展示了他在教育改革过程中的一系列关键教育事件、典型教育故事、创新教育案例，寄寓了作者的教育体验与教育理想，闪烁着教育改革的思想火花与智慧。

李政涛

（华东师范大学教育学系教授，博士生导师，浙江师范大学兼职教授，

德国柏林洪堡大学访问学者）

序二：点亮教育的文化价值

梁刚慧是我的老朋友，最初相识时，他还在南海区九江中学担任德育副主任。随后几年，欣慰地看到他不断成长进步，走上校长岗位，也见证了他把一所地处偏僻乡镇，师资、生源和硬件资源都不占优势的学校，办成一所特色显著的、在省内外影响力越来越大的素质教育名校。

梁刚慧为什么能够成功呢？我想，这除了他的勤奋与好学之外，最重要的一点就在于他善于借助组织、文化的力量，推动学校的组织变革，提升教师的职业价值，让教育充满理想的感召力。

要改变一所学校有很多种方式，例如设法加大投入、改善师资或生源、抓成绩、看分数等，这些都是常规的做法，但梁刚慧却另辟蹊径，选择了文化建设这一条看似最笨拙、见效也最慢的道路。

梁刚慧最初提出"点亮教育"理念的时候，许多人并不看好，也不觉得有什么独特之处，但正是在这看似普通的理念引领下，学校有了共同发展的愿景，建立起了学习共同体，促进了一大批教师的专业成长，进而实施了许多教育教学创新之举，让学校有了超常规的发展。

来到狮山镇以后，梁刚慧把文化建设当作头等大事，在"点亮教育"理念基础上，提出"学研行"组织建设策略，构建了"培育岭南教育名镇"的理想蓝图，这样的教育施政策略，让我看到了一个理念更为成熟、经验更为丰富、智慧更富有实践意义的基层教育管理者的形象。

　　《点亮教育："学研行"理念下的教育生态变革》一书，就是梁刚慧主政狮山教育五年以来思考与实践的结晶，也是他主持的广东省强师工程提升项目——"基于'点亮教育'实践的中小幼教师专业自主发展模式研究"的课题成果。与一般课题成果不同的是，这本书采取了教育叙事的手法，其中有许多鲜活的故事和精彩的案例，寄寓着他和一大批中小学优秀校长和教师的独到思考和理想追求。"点亮教育"旨在"点亮自己，照亮别人；点亮别人，明亮自己"，真正点燃了狮山教育人发展高质量教育的美好愿望，激发了他们的成长内驱力，唤醒了他们的职业幸福感，在相互成就、相互教育中形成了一股推动区域教育整体发展的强大正能量。

　　对于更多有志于进行区域教育改革或学校教育改革的教育工作者来说，梁刚慧和他的改革实践价值何在呢？我想，最重要的价值就在于，他为我们提供了一个通过组织、文化的变革，确立愿景、构建学习共同体，实现了一个组织的效能提升和品质改善的典型范例。

　　二十世纪八九十年代以来，无论是公共管理领域还是教育管理领域，都在酝酿着一场深刻的变革。在德鲁克、彼得·圣吉等现代管理学大师的倡导下，"学习型组织"建设成为政府改革、企业战略发展以及公共组织变革的管理核心技术，相关理论与实践一时风靡世界。教育管理领域也受到这一思想的影响，开始一些新的变革和尝试。

　　可以说，梁刚慧就是较早受益于"学习型组织"理念的一位教育变革者。"点亮教育"是对教育的个性化理解和理想追求，更是成为有理想愿景、有方法论支撑、有实施路径的一整套教育管理科学体系，体现了对教育规律、管理规律的自觉遵循。

作为一种生成性的教育智慧，"点亮教育"是教育人对公平而有质量的美好教育蓝图的憧憬与描绘。"点亮教育"是对学习者智慧的启迪、心灵的引领和主体自我的唤醒。

"点亮教育"也是一种教育方法论，体现了现代学习科学的本质。"点亮"二字，看似简单，却蕴藏教育哲理。为亮而点，因点而亮，从被点亮到自点亮，好学者被点亮，善学者自点亮；点亮别人，明亮自己；点亮教学，启迪心智；点亮育人，唤醒人生。"点亮教育"揭示的是现代教育教学的规律，通过点亮与唤醒，改变人的心智模式，进而改善教育中的人际关系，让教育变得更美好。

"点亮教育"更是一种教育管理模式的创新，从梁刚慧的管理实践中，可以看出彼得·圣吉倡导的"自我超越""改善心智模式""建立共同愿景""团队学习""系统思考"等"五项修炼"的影子，但"学研行"组织建设理念的提出，则彰显了梁刚慧对"学习型组织"理论的教育再造，也可以说是现代组织变革理论的教育创新与个性化发展。

当"点亮教育"遇上了"学研行"组织建设，就有了专业的翅膀和持续的动力："点亮教育"理念与"学研行"的程式就像儿时"竹竿当马"跨上了高铁时代；点亮教育与"学研行"学习组织联盟便是"星星之火"形成了燎原之势。"点亮教育"需要"学研行"的教师专业成长程式。学与行，学而知，知而行。一旦"学"与"行"中有了"研"，以研究、探索、实验等方式把学转化为"行"，这样的知与行便是理论指导下的"行"、专业规范的"行"、科学专业的"行"——这便是"学研行"的程式及其真正意义之所在。

"学研行"是一种体现新时代组织构建与管理发展的学习型组织。"点亮教育"需要"学研行"这种新型的学习型组织。两者相辅相成，直面教育本质诉求和理想追求。当"点亮教育"与"学研行"学习型组织形成了教育生态，教师就能焕发出"撸起袖子加油干"的正能量，就能找到专业发展的自主成长新动能。

总而言之，当"点亮"遇上"学研行"，一切便有了最好的注脚。因为这是一种以发展性思维引导学生自我成长、教师自主发展和学校改进发展的教育生态和生态教育体系；也是形成新时代发展素质教育、构建教育公平与有质量教育的新格局，更是形成具有内在生成、协同生成、持续生成和自主生成的教育教学及管理生态系统的动态过程。

不忘初心，方得始终。我相信，这个探索过程是艰辛的，绝不是轻轻松松、敲锣打鼓就能实现的，它需要每一个教育人的共同参与，需要"梁刚慧们"的踔厉奋发、笃行不息，方能不负历史、不负时代、不负教育。

是为序，愿与老友共勉！

李 季

（广东第二师范学院教授，中国陶行知学会

未来教育专业委员会理事长）

自序：点亮教育，我的"教育梦"

最近在读西南联大的历史，重温那段战火中的教育生活，一边心怀敬意与感动，一边生发出许多关于教育的思考和感悟。

1937年，抗日战争爆发，北京大学、清华大学和南开大学三校师生分别在校长蒋梦麟、梅贻琦和张伯苓的率领下陆续到达长沙，开始临时办学。随后战局继续恶化，师生们又被迫继续南下，迁往昆明。战时内地交通困难，于是师生们分作三路，一路由粤汉铁路经广州、香港及越南入滇，一路沿湘桂公路经桂林、柳州、南宁及越南入滇，最后一路以男生为主，约两三百人，在老师们的带领下，决定步行到昆明。

这是中国现代教育史上的一次壮举，是中国教育文化人的一次长征！尽管他们留在敌占区可能会得到优厚的待遇，但他们不肯屈就，宁可选择一条艰难困苦，甚至可能牺牲的险途。

读到这里，我不禁掩卷沉思。是什么支撑着这些民族的精英，让他们作出这样的选择呢？我想，那就是他们心中教育救国的伟大梦想和民族复兴的伟大信念。

追根溯源，这更是中国教育文化人的精神风骨的传承。

时任南开大学校长张伯苓，早年服役于北洋水师，目睹了甲午海战北洋水师的惨败，也亲历了威海卫"国帜三易"的耻辱，深感"自强之道，端在教育"，东渡看到日本明治维新后的盛况，深受启发，回国创办南开中学，又筹办南开大学，从此把教育救国当成毕生信念。

　　时任清华大学校长的梅贻琦，治校期间开创了清华大学的"黄金时代"。"所谓大学者，非谓有大楼之谓也，有大师之谓也"之言，振聋发聩。他是张伯苓在南开中学的学生，当年在清华大学一度心生退意，是张伯苓勉励他继续坚守。

　　时任北京大学校长蒋梦麟，早年赴美留学，原想学习农业改善中国，最终选择了教育，认为只有教育才能拯救新一代年轻人的思想。他从蔡元培手中接任北京大学校长职务后，提出"教授治学"等办学方针，改革大学教务，为北京大学后续发展奠定了坚实基础。

　　这三位校长，在国家危亡之际挺身而出，为国家保存了教育命脉，他们"教育救国"的思想也得以在西南联大延续并生生不息。那些辗转了1500多公里来到昆明的学子，在长途跋涉中受到了最生动、真实、深刻的国情教育，他们也把"教育救国"当成矢志不渝的教育价值观，没有困守于"读死书，死读书"的书斋，而是将追求学问与国家民族强盛紧密相连。从他们中间走出了一大批"两院"院士、"两弹一星"元勋和各行各业的栋梁之材。

　　2021年4月19日，习近平总书记视察清华大学时提出，教师要成为"大先生"，做学生为学、为事、为人的示范。毫无疑问，当年西南联大的这些师生们，当之无愧是我们国家和民族的"大先生"，也是我们今天的教育人应该追慕和效仿的"大先生"。

　　古人云，"读万卷书，行万里路"。西南联大的师生们用他们的行为生动诠释了这句话，这是一次民族精神的长征，因为走了那么远的路，经历了那么多磨难，才有了他们精神上的成长。

　　而在当时的中国，还有一支队伍，他们走了更远的路，两万五千里长征，从江西瑞金走到陕西延安，经历了更大的艰难险阻，顽强地保存了中国革命的火种，并最终形成燎原之势，创造了一个社会主义新中国。

这些同样经历了长征的人，无论是西南联大的师生，还是中国共产党人，都是为了一个梦想、一个信念，不惜去走千万里路，也在长途跋涉中得到了精神的升华。他们无愧是中华民族的脊梁。

可见，在我们中华民族的历史上，从来都不缺乏为理想执着追求的行者。正是有了他们，我们这个民族才有数千年绵延不绝的奇迹，创造了灿烂辉煌的文明。中华文化薪火相传，至今仍成为我们的强大精神支撑。

是他们，点亮我们的精神世界，点亮了我的教育梦。从他们身上，我也明确了认识，坚定了信念：理想，是照耀个人、民族的灯塔！理想之光让你从一个更高的精神层面去认识世界、认识自我，照亮你前行的路，引领你走出人生的困境。

五年前，我在竞聘狮山镇教育局局长时说过，我们中国人正在追求中华民族伟大复兴的"中国梦"，我们狮山教育人也应该有自己的梦想，培育"岭南教育名镇"就是我们的教育梦想。

这五年来，朝着培育"岭南教育名镇"的目标，我们实施了"点亮教育"理念下的"学研行"组织建设的一系列教育改革行动，把这些改革行动写进全镇未来的教育规划，今后还将一如既往地坚持下去。

狮山教育人这几年来精彩纷呈的创造，从教师、校长到教研员、教育行政人员，大家在共同教育愿景的引领下不断探索、创新，积累了宝贵的教育实践经验，留下许多难忘的教育故事与创新案例，取得了许多原创性的改革成果。

在我看来，这些经验、故事、案例、成果背后最大的价值，就是为学、为事、为人的过程中提炼我们的实践认知，升华我们的理想境界，凝聚起越来越多愿意干事、创业的人，促使大家一起为了教育的理想而执着追求。我们在成就各自的人生梦想、教育理想的过程中，也在成就着狮山教育梦，更是为中国教育强国梦贡献一分虽微小但却重要的力量。

狮山教育这几年来的发展变化，正是当前中国教育改革发展的一个缩影，是中国梦、教育梦的个性化诠释。

回到做"大先生"的时代，西南联大的师生们已经为我们树起了精神高标。这些让我们景仰的"大先生"，可以不为名利、不计得失、不讲条件，为了"教育救国"而一往无前。

今天，教育的接力棒已经传到了我们这一代人手上。那一代人的"教育救国"已经实现，中国教育正走在"教育强国"的道路上，我们今天的教育工作者能否像"大先生们"一样，敢于为了理想而执着追求？愿意为了理想走很远的路，吃很多的苦？

教育强国，是我们这一代人的教育使命，是我们向往的"中国教育梦"，是今天教育人的"新长征"。这个梦想的实现要靠我们每一个教育人，要靠我们每一个教育人的梦想去支撑，需要我们每一个教育人用脚步去丈量。

不管身处哪个时代，我们都要有同样的精神信念——敢于坚持理想，有强大的文化自信，有淡泊明志之心。为实现我们的梦想，像西南联大的师生一样，像百年来那些优秀的中国共产党人一样，像中华民族历史上许多的杰出人物一样，不辞险远、脚踏实地；不言放弃、坚守初心；不畏挑战，勇敢自信。

这，就是我的"点亮教育"理想，我的"教育梦"。

梁刚慧

2022年3月19日

目 录

第一章　被点亮的教育变革

2021年3月28日，是狮山教育人值得铭记的日子。

这一天，在狮山镇新建的英才学校，狮山镇推进教育高质量发展大会隆重召开。镇政府领导、南海区教育局领导、全镇校长、教师、街道代表等300多人济济一堂，国家级教育媒体、省内媒体记者也前来出席，大会通过新媒体面向全省在线直播。

在全国"两会"刚刚落幕不久，在经历了新冠肺炎疫情肆虐后国内经济、社会秩序逐渐恢复之际，这次会议的召开有着特别的意义。

会议最引人注目也最鼓舞人心的，就是狮山镇教育发展"十四五"规划实施方案和一系列激励方案的发布。在国家"十四五"规划纲要发布不久，作为"广东第一镇"——狮山镇，能够积极响应，在一个镇域层面，率先拿出这样一揽子的"十四五"教育规划纲要，足见狮山镇人对教育的重视，也透出对教育的远见。

　　"教育是最重要的民生，也是最有价值的投资，狮山教育一定要走向高水平优质均衡发展。"狮山镇镇长黄伟明在会上这一番话赢得热烈的掌声。同样让大家振奋的，还有狮山教育在"十四五"期间的一系列"大手笔"：计划教育投入共计80多亿元，每年设立超3 000万元专项激励资金，其中100万元"学研行"组织建设专项基金……展望未来，黄伟明镇长指出，狮山镇将秉持"和美博爱，点亮未来"的教育理念，全力打造"岭南教育名镇""粤港澳大湾区教育明珠"等名片。

　　作为狮山镇教育发展中心主任，我也怀着激动的心情，在会上解读了狮山镇教育"十四五"规划实施方案，用"十大计划"描绘了狮山教育的发展蓝图：顶层设计、党建引领、立德树人、创新教育、智慧教育、读写共生……

　　这一年多来，从狮山镇"十四五"教育创新发展规划纲要的起草研制，到推进教育高质量发展大会筹备召开，我们约请专家、学者、校长、教师、社会各界人士，经过多次调研、商讨、问计，几易其稿、几番修订，最终将"点亮教育"理念和"学研行"组织建设写进狮山教育的顶层设计，为狮山教育未来发展描绘了美好蓝图。

　　除了难以抑制的激动，我也感到责任重大。记得5年前，我信心满满地走上狮山镇教育局局长的竞聘演讲台，提出了培育"岭南教育名镇"的理想目标。五年来，我们正一步一个脚印地朝着这个理想迈进。如今这"一揽子"规划纲要的制定实施，无疑将激发更多狮山校长、园长、教师、班主任的创造活力，点亮他们的教育梦想，也点亮孩子们的美好未来。

建设一座有理想的教育城镇，培育一批有理想的教育者，是我在狮山镇这片广阔的教育天地里的使命与责任，也是我多年从事教育的追求。

从教27年，从一位普通教师、班主任，到学校德育副主任、校长，再到教育行政机关人员，我最深刻的一点体会就是一定要将个人的成长与周围更多人紧密联系起来；在点亮、激励、唤醒、成就别人的同时实现自己的人生价值，找到自己的理想定位。这也是我提出原创性的"点亮教育"理念和"学研行"组织建设的思想初衷。

人生不能没有理想，因为理想是照亮我们不断前行的灯塔，也是激励我们不断精神升华的原动力。回顾我的教育工作历程，其实是在不断学习、研究、行动中丰富阅历和提升境界的过程；最初如星星之火一样的教育梦想，最终被点亮，照亮周围，也照亮我前行的路。

要点亮别人，先点亮自己

"千秋新学开南海，百世名儒仰九江。"悬挂在九江中学纪念堂前的这一副对联，既寄寓着对两位岭南文化名人的景仰，也承载着这所学校无比自豪的文化渊源。

对联中的"南海"与"九江"，一语双关，既是地名也是人名。"南海"是指一代文化大师、晚清维新派代表康有为，号"南海"。"九江"则是指他的老师、岭南一代儒宗朱次琦，晚年号"九江先生"。南海区九江镇，是当年朱次琦开馆授徒的地方，因此有"儒林之乡"的美誉。1932年，为了纪念这位晚清大儒，当地政府在此创办了九江中学。校园里一座红墙碧瓦的古朴建筑，就是1936年建成的朱九江先生纪念堂。

我的教育生涯，就始于这样一所有着厚重文化积淀的学校。1995年，我大学毕业后来此任教。但那时候，历史上有过辉煌的九江中学，却因地理位置相对偏僻、生源较差和教师老化等原因正处于发展低谷。

刚到九江中学，我就被安排教高二年级的英语，担任高二（8）班班主任。这是一个会考班，也就是说，班上大部分学生成绩较差，考大学不是主要目标，只要顺利通过会考，拿到毕业证即可。但也有一些学生不甘心，刚开学就闹着要转班。高中生活还有两年，但这些学生却早早地被贴上"淘汰者"的标签，不被寄予希望，可想而知，前途一片黯淡。

记得第一次班会课，我刚走到教室门口，就听见里面闹哄哄的，学生们无所顾忌地聊天、打闹，丝毫不把我这个年轻教师放在眼里。我该怎样开始我的班会课呢？站在教室门口那一刻，我突然有了主意。

我走上讲台，拿起粉笔在黑板上"刷刷刷"写下两行大字——"天生其人有其才，天生我才必有用"。教室里顿时安静下来，学生们都一脸惊奇地看着我。

"同学们，这就是我们今天班会课的主题。"我一边说着，眼光一边从每一个学生脸上扫过，"是的，我知道我们是会考班，但谁说我们就不能参加高考，谁说我们的前途就没有希望呢？"

那节课，我敞开心扉，跟学生讲述我自己的求学经历。出身农家的我基础并不好，也不是老师眼里的聪明学生，但我凭着自己的勤奋，最终考上大学，改变了自己的人生。我用这样的经历激发学生，只要努力，接下来的两年时间我们完全可以改变自己的命运。

那节班会课后，我发现学生们的腰板都挺直了，眼睛里都闪着光。那两年时间，我和学生都憋着一股劲儿。那时候的我每天有使不完的劲儿，每天早上不到6点就起床，一早带着学生跑步、晨读。起初只有少数学生，到后来跑步、晨读的学生越来越多。

两年后，全班54个学生，居然有20多人考上专科以上的学校，尤其是阿升，这个曾经萌生退学念头的学生，以优异的成绩考取了本科。一个初出茅庐的新班主任，带着一个被视为升学无望的班级，最终取得这样出乎意料的成绩，在全校引起不小的震动。

这段初为人师的经历，奠定了我从事教育的一个基本信念：唤醒学生的上进心，点燃他们成长的希望，这远比教他们学习的方法更有效、作用更持久。

在以后的教育教学中，我总是更多地从情感、态度与价值观等方面培养学生，引导学生思考：你想成为怎样的人？你想有怎样的人生？在班会课上，在与学生的谈话中，我善于用一些名人故事、经典案例或身边人的经历，像盐溶于水一样传递做人做事的道理。我也惊喜地发现，当学生的人生梦想被点亮、被唤醒，他们身上总能勃发出奇迹般的精神动力。

由于班级管理有方，成绩优秀，我很快被提拔为级长，管理着近1000名学生的年级。从自己的班级管理经验出发，我觉得，只要注重育人，抓好学生的思想工作，我们的年级一定会在学校脱颖而出，但我的这个想法一开始在年级里并没有得到太多支持。

印象最深的是一次年级会，当我跟大家说了我的理念和方法，满心期待会得到一致拥护的时候，一位从教多年的班主任毫不客气地说："刚慧啊，你还年轻，还没成家，有的是时间，可以和学生泡在一块。我们不行啊，上有老下有小，忙完工作，还要买菜、洗衣、做饭，哪有那么多时间，备课、改作业都忙不过来，你的这一套啊，我可做不到。"

"是啊，这么当班主任太辛苦了，不是谁都可以的。"其他老师也小声附和，场面一时变得十分尴尬。

那天会议结束，我进行了反思。是的，当班主任确实不容易，与学科教师相比，班主任不但多了许多事务性工作，而且班主任每月的津贴也少得可怜。在这样一所学校，面对各种问题学生，工作压力更毋庸置疑。因此，许多班主任都身心疲惫，感受不到快乐。

可是，难道因为这些客观的困难，我们就可以消极应付，明明苦不堪言却还不去努力改变现状吗？

说到底，一个班主任或学科教师，如果任凭自己陷入繁杂的事务性工作中，日复一日年复一年庸庸碌碌，没有更高的工作目标，放弃了自我成长，他的职业生涯就会在抱怨中、应付中和消磨中度过。

怎样改变这样的现状、唤醒身边的班主任？说实话，我当时也很困惑，但我从工作之初就有一个特点，每次遇到困惑，就会去翻翻书本，查找资料，在学习中寻找答案。

从那时候起，我开始读了一些班主任工作的名著，魏书生老师的《班主任工作漫谈》和任小艾老师的《我的班主任工作》，我都认真读过，做过读书笔记，一边读一边满心欢喜，感觉心里渐渐豁亮了。

魏书生和任小艾的工作起点都不高，中学毕业就当了教师，最初遇到的都是差班、乱班，但是他们最大的优点就是不抱怨环境、多反思自己，在班级管理中充分尊重学生、相信学生，构建民主、平等的师生关系，在班主任这个极其平凡的岗位上书写了教育人生的传奇。

读着他们的教育人生经历，我的教育理想似乎也被点亮了。真希望自己能像他们那样，做一个教育的有心人，享受精彩的教育生活。当时怎么也没想到，若干年以后，自己能有机会与这两位教育大家结识，当面得到他们的提点和指导，真是莫大的幸运。

至今还记得这样一个细节：第一次与任小艾老师见面，是在一次座谈会上，我在发言中说："任老师，我读过您的书，也听过您的报告。您在报告中说，您的身高是162厘米，当时记者去采访您，把您的工作日志和读书笔记摞起来，差不多和您的人一样高。"

任老师笑着点点头。座谈会后，我拿出一本她写的《我的班主任工作》请她签名。任老师大为惊奇，因为据她说，这本书因为太畅销，当时已经绝版，连她自己手上都没有了，没想到在我这里见到了。

可能是因为给她留下了较好的第一印象，从此，任老师对我也格外关注，工作上对我多有指导，在我人生的许多关键节点，她都毫不吝惜地提出了许多宝贵意见，让我受益匪浅。任老师可谓是我生命中的"贵人"，至今让我心存感恩。

与魏书生老师的结识也是这样，我从读他的书、看他的录像、听他的报道，到后来能够近距离接触，多次深入交流，经常聆听教诲。尽管这其中有幸运的成分，但毫无疑问，正是因为读书学习，让我得以开阔眼界，领略更高的教育境界，结识教育界的名家大师。

那是2008年3月，我曾向魏老师请教一个埋藏已久的问题："魏老师，您是一位自主成长起来的教育家，可以说是中国最成功的班主任，不管是您成名前还是成名后，都一直孜孜不倦地享受着工作中的快乐，请问您工作中的原动力是什么？"

魏老师回答说："我总觉得人先得把自己'看小'，就容易产生动力，也容易满怀感恩之心对待这个地球。人生那么短暂，应该享受生活的快乐，因此要抓紧时间做事，品尝做事的快乐，动力就是感受快乐。我更多的原动力还是享受工作过程本身。如果我们能把这种享受工作过程本身的快乐传递给更多的人，让他们感受学习、工作、尽责、助人的乐趣，这就是从根本上改变一个人，也是从根本上给人快乐幸福，这就是一个动力。"

这一番话很耐人寻味，使我深受触动。魏老师是一位有着教育使命感的"得道之人"，这使得他以超越的眼光，站在更高视角看待教育与人生，总能感受到做事的快乐，把学习、工作、尽责、助人当成生活享受。

这份豁达的境界，我虽尚不能至，但可以从中得到启示。那就是，要找到自己职业或人生的理想，无论在什么境况下都要有更高的精神追求，不断学习、不断超越自我，找到工作的幸福与快乐。

因为这样的成长感悟，我在注重自身学习的同时，也希望通过学习来改变周围教师的观念和态度，让他们享有更美好的教育人生。为此，我给教师们订阅了《班主任》等期刊，平时看到好的教育故事、理念或经验，也会在年级会议上和大家分享，一起交流研讨，通过这些点滴行动去引领他们。

而促使我有意识地走上学习研究之路，带领着一个团队去共同成长，相互激励、相互点亮，是因为有这样一次失败的人生经历。

那是2005年，我被提拔为学校德育处副主任，不久后又迎来了一次绝佳的发展契机。当时，南海区面向全区公开招聘24名副校长。一次招聘这么多校级干部，可以说是前所未有。按照招聘条件，我也够资格，学校推荐了包括我在内的4名中层干部参加这次竞聘。

结果很令人失望，在这次竞聘中，我以微弱劣势落选，其他三名中层干部也铩羽而归。在回来的路上，我颇有些懊恼，其中有一名落选的同事悻悻地说："算了吧，九江中学是南海的'西伯利亚'，没法儿跟城区的学校竞争。"

听了他的话，我心里很不是滋味，难道因为客观环境限制，我们就自甘落后吗？如果我们真正出色，没有人敢小瞧。通过这次竞聘，我也确实看到了差距，归根结底还是学习研究不够，实力有差距。

这次竞聘后不久，我在学校组织一批年轻班主任成立了南海区第一个"班主任德育科研核心小组"，定期举行学习研讨活动，开始了班主任的校本研究实践。

那时候，我的一个朴素的想法就是——成长也好，机遇也罢，不能靠被动等待，必须自主自发地行动起来，找到我们的人生目标，在学习中点亮我们的成长道路。

一个"民间组织"，催生出一批省市"名班主任"

至今让九江中学教师难忘的是2012年6月，广东省名班主任工作室启动仪式在学校举行，全省名班主任汇聚南海。

这样一次全省的大型活动能够在九江中学举行，毫无疑问是对学校班主任工作的充分认可。当时的九江中学的确在班主任专业发展上成就斐然，涌现出了一批班主任名师：有广东省名班主任、南海区首席班主任、佛山市名班主任、南海区高级班主任，还有省班主任专业能力大赛第一名……在这次会议上，"广东省王剑平名班主任工作室"正式在九江中学挂牌成立了。

几年前，同样的场景，当我带着一批年轻班主任开始团队研修的时候，并没有多少人看好，也没有引起太多关注，更没有预想到今天的场面。

原因也很简单，在许多人看来，要做培训研修，离不开专家引领、经费支持、方法路径借鉴，这些条件我们全不具备，完全是"摸着石头过河"。

但在我看来，这些都不是问题。虽然当时我并不清楚班主任团队研修该怎么搞，也没有成熟的经验可借鉴。但是，谁说没有人走过的路就一定行不通呢？

当然，没有专家引领，确实是个大问题，仅凭一帮年轻人，靠着一腔热情，是很难让大家有成长、有提高的。要请专家亲临指导，需要一大笔经费不说，也不是说请就能请到的。但这个问题没有难倒我们！"我们要学，就一定要向最优秀的同行学习。"我自信地跟大家说。

最优秀的同行？在哪儿呢？大家一脸疑惑。我笑着说："我们请不来真人，可以从网上找资源啊。现在是信息时代，网络上资源丰富得很呀！"

就这样，在学校一间教师活动室里，我们的班主任团队研修活动开班了。第一次活动，我们端坐在一起，对着大屏幕学习魏书生老师的班主任工作讲座录像。

虽然当时是看录像，但是每个人都无比真诚，我们怀着共同学习、共同成长的满腔热情如饥似渴地汲取养分。大家都被魏老师的教育智慧、幽默和人格魅力深深地吸引了，一位年轻班主任看完录像后深有感触地说："听魏老师的报告，就像和他面对面谈心。他不讲高深的大道理，也不用华丽的辞藻，只是谈一些生活、工作、学习中的小事情，却见解独到，听了醍醐灌顶，让我看到自身的不足，第一次意识到向名师学习的必要性。"

就这样，我们通过录像、录音、发言稿，结识了一批全国第一流的班主任名家：魏书生、任小艾、李镇西、丁榕……近三年时间，我带着一批年轻班主任先后学习了"魏书生专题系列培训""李镇西专题系列培训""任小艾专题系列培训"等班主任培训，到后来，全校的班主任都被吸引了，纷纷要求加入。

向这些优秀的同行学习，让班主任们找到了自己努力的方向，有了自主成长的意识。慢慢地，他们已经不满足于录像、讲座这样"碎片化"的学习，开始系统地读书学习，阅读相关的专著。

究竟该读怎么样的书？我们也因人而异，具体指导：新任班主任直接经验相对欠缺，迫切需要工作的基本规范和管理方法，我们就推荐他们读万玮的《班主任兵法》、李镇西的《李镇西和他的学生们》、魏书生的《班主任工作漫谈》等操作性、指导性较强的著作；老班主任从教时间长，已经积累了丰富经验，需要提高理论素养，我们就建议他们读苏霍姆林斯基的《给教师的100条建议》、王晓春老师的《做一个专业的班主任》、叶澜老师的《关怀生命：当代中国学校教育价值观向探》等更有深度的专业书籍。

对于校本培训来说，最关键的是学以致用，不能培训学习时满心激动，时间一长，热乎劲儿一过，工作还是老样子，没有任何改变。这个问题怎么解决？我们的办法是通过讨论、交流、实践等，注重引导班主任把专家指导内化为自己的素养。我们深知培训的效果不在于专家讲多少，而在于班主任们内化了多少。为此，我们利用多媒体技术，将专家报告内容进行分解，分若干专题深入学习，学完立刻组织班主任们分组讨论、交流，并严格培训考评。

譬如，学了魏书生老师的系列讲座后，我们进行交流、讨论。

青年班主任吴桂林老师说："魏书生老师给我最深的感悟就是班主任要成为善于思考的人。班级工作千头万绪，学生个性复杂多样，如何将其系统地、有条理地管理好，实在是一件难事。因此，班主任要多想多思，让自己成为一个智者，才能在工作中游刃有余。"

贾高见老师说："我认同魏老师的出发点，也认同魏老师的方法的可行性，只是我认为，在学习的过程中，我们更应该学习的是一种工作精神、工作理念，而不是简单的重复或低级模仿。"

正所谓"灯不拨不亮，理不辩不明"。就是在这样的交流碰撞中，班主任们的心智模式渐渐被打开，我们的学习研讨也越来越深入。几年来，学校陆续形成了各年级的"班主任培训研讨专辑"，记录着我们的思考和进步。更重要的是，不同于传统教师成长的"单打独斗"，我们用这样的团队研修，让班主任专业成长不再孤独。

班主任校本培训之初，我主导成立"班主任德育科研核心小组"，当时的初衷并不强求所有班主任参加，而是发挥德育科研核心小组的引领和示范作用。在这个核心小组中，聚集了一批热爱学习、追求上进的班主任：王剑平、钟发桥、贾高见、张欣、黄洁葵、吴桂林、陈熹、钟剑涛、周玲……

在核心小组内部，我们又细分出思想工作、学法指导、自主管理、健身健心等项目组，小组成员自选项目，以自己的班级为"试验田"，把学习研究的成果进行实际应用，然后制成课件，通过系列主题班会实现资源共享。如：王剑平、贾高见的自主管理实验班，钟剑涛、张欣的健身健心实验班，等等，他们的阶段性成果经过整理汇总，都成为班主任们学习研究的校本教材。

虽然是一个"民间组织"，但我们的核心小组制定了严格的考核管理办法。比如，我们要求负责培训的成员要做到有培训专题、有目的、有内容，每年组织一次校内班会课比赛和班主任专业能力比赛，骨干班主任要有帮扶对象，有带徒计划、总结、有示范课，小组成员不得以任何借口拒绝培训。对于培训成果，我们定期考核评比，表彰优秀，并建立班主任继续教育学分登记制度，把培训和考评结果记入班主任成长档案。

因此，每一次培训研讨，都成为班主任们在思维碰撞中智慧生成的过程。正如一位年轻班主任感言："德育科研活动把班主任们团结起来，能够和一个团队一起前进。对我这个年轻班主任来说，真是受益匪浅！每每遇到管理难题，总能在讨论交流中得到最佳解决方案。"

　　为了增进交流研讨的深度，提升大家的思维品质，我们在研讨的组织管理上，也有一套独特的机制。

　　为唤醒班主任的教育反思意识，进入"实践—反思—提高—再实践—再反思"的良性循环，我们鼓励班主任把身边的鲜活案例用文字记录下来，或者写下管理方法和感悟，发表在教师博客上。几年来，班主任们记录了很多教育鲜活案例，如彭丽华老师的《用爱心和激励开启临界生成功的大门》、陈熹老师的《学生成长快车道——师生共科研》等。

　　在促进班主任加强学习和反思的同时，我们更注重教师之间的协调与合作。学校每学期都根据专家的指导建议，确定校本培训各阶段的中心工作，举办一系列公开课和研讨课，开展团队科研活动，例如青春期情感教育系列、青春励志教育系列、感恩教育系列等。

　　有了丰厚的积淀以后，我们抓住契机，以网络学习为途径，构建校本培训平台，创建九江中学QQ群，并成立了网络交流平台——九江中学教师博客。当时，学校的教师博客保持较高活跃度，全校有100多名教师注册了博客，发表教育日志近千篇，评论3000多条。

我始终相信，每个人都有向好向上之心，有了专业的引领、良好的氛围与适宜的平台，他们的发展愿望就会被引燃，逐渐走上自我修炼、自主发展之路。

眼看这一批班主任成长态势喜人，我们开展了"设计个人发展计划"活动，引导班主任结合学校发展规划，自主制订个人近期和长期发展计划，明确努力的目标和方向。学校也聘请专家帮助班主任完善个人发展计划，并以"描绘个人蓝图，谱写发展新篇"为主题，在全校范围内进行交流，强化教师的理想信念和发展愿望。

如今已成为班主任培训专家的贾高见，就是九江中学班主任校本培训模式下成长起来的典型代表。

2005年，贾高见于东北师范大学毕业后来九江中学任教。这个年轻人很有教育热情，但又有些傲气。刚当班主任时，他很希望做出成绩，每天围着学生转，使尽了浑身解数，可是教育效果并不理想，学生似乎也不领情。在评教活动中，学生直言不讳地说："老师，您真的是为我们的成长负责吗？""老师，您到底是爱我们，还是为了证明自己优秀？"

这些诘问像尖刀一样深深地刺痛了贾高见！为什么自己的付出换不来学生的认可呢？

带着满腹困惑，贾高见参加了学校的班主任校本培训。第一次班主任培训就让他大开眼界，魏书生老师"人人有事做、事事有人做"的管理模式点醒了他。是啊，像这样既能解放班主任，又能锻炼学生，何乐而不为！像魏老师一样，贾高见开始尝试让学生实行自主管理，把班级任务"分包"出去，学生自愿认领。这一下，学生积极性空前高涨，班级工作井然有序。

从专家引领中尝到了甜头，贾高见成了核心小组里的积极分子，抓住一切机会向专家学习，在小组活动中乐于分享，有了困惑及时向团队求助，也经常把自己的做法和感悟发在微博上，同事的各抒己见让他对自己有了更全面的认识。

在学校的团队研修队伍中，贾高见是其中成长最快、受益较大的一位青年教师，又通过学校量身定制专业成长需要的课程，他走上了自主修炼道路，提炼形成了"小活动，大德育"的系列化理论和立体化班级文化建设理念，工作中越来越多地关注学生的生命成长。

2008年9月，在全国首届中小学班主任优秀主题班会展评活动中，贾高见老师一鸣惊人，一节主题为"超越自我"的班会课获得专家评委高度评价，成为唯一一节获得满分的班会课。此后，他又在广东省优秀班主任专业能力大赛中获一等奖，被破格聘为"南海区骨干班主任"；在第三届全国中小学主题班会课大赛中获一等奖，入选首届南海区"十大杰出青年"……他的"小活动，大德育"特色班会课理念的影响越来越大，在省内外的名气也越来越大。

回顾自己的成长，贾高见多次深有感触地说，学校的班主任团队研修是他成长的沃土。在他面临成长困惑时，我和他一起出差，在北京师范大学的宿舍进行过一次推心置腹的彻夜长谈，引导他正确认识自己，找准专业发展方向。在他准备班主任能力大赛的过程中，我也陪着他备课至深夜，为活动设计一起苦思冥想，和团队成员一起为他出谋划策。

让我十分高兴的是，除了贾高见，还有一批九江中学的班主任从校本研修中受益，在这里踏上成长快车道。

正如南海区骨干班主任王宝婷所说："加入班主任研究团队，走班主任专业化道路，让我不再是'两眼一睁，忙到熄灯'的苦干型班主任，德育科研使我摆脱了那种穷于应付、疲于奔命的班主任生活，走上了成长的快车道，成为一个快乐幸福的班主任。"

对此，青年教师林楚龙也感触很深。"我觉得特别幸运，身边有一群专家型教师，我比自己的那些大学同学成长得更快。"尽管一进学校就当了班主任，但林楚龙心里很踏实。学校积累多年的班主任团队研修经验，编制的班主任工作手册，成为新班主任的"工作指南"。如今的他也已经成长为学校的业务骨干。

班主任的专业成长背后，获益最大的当然是这里的学生。班主任张欣的工作案例《让别人因为我的存在而感到幸福》，在南海区优秀班主任工作案例评比中获得一等奖，她在文章中写道：老师，尤其是班主任，就是大海中的灯塔。在学生迷惑时给予耐心指导，在学生偏航时为其指引方向，在学生超越自我时为其加油鼓劲……班主任，是点亮学生心灯的使者，是学生成长路上的陪伴者、引导者。

同样值得自豪的是，九江中学这所很少被关注的学校，因此成了省内班主任专业研修的典型，我们顺势成立了九江中学班主任培训基地，以课题带动基地建设，用课题研究的形式将日常工作科研化，提炼形成了"专家引领、团队科研、交流反思、自主修炼"的培训模式，这也是我后来提出"学习·研究型"团队建设的雏形。

当然，在点亮班主任的专业理想，成就一支优秀班主任管理团队的同时，我自身也在同步成长并从中受益。几年中，我从德育副主任被提拔为德育副校长，又被任命为九江中学校长。

被名家点亮，找到一辈子的事业

2010年12月6日，星期一清晨，九江中学的升旗仪式。

这一天，当全校3000多名师生集中到学校综合楼前，他们惊喜地发现了来参加升旗仪式的一位特殊嘉宾。伴着雄壮的国歌声，五星红旗徐徐升起，高高飘扬，一位身着中国国家队队服的中年男子手持火炬，步伐矫健地跑到主席台前。

"啊，是吴国冲！"学生们一眼认出这位亚运会第一棒火炬手，兴奋地叫出声来。是的，这位神秘嘉宾，就是出生于九江镇的中国男子龙舟队舵手、队长吴国冲，因为在亚运会开幕式出任第一棒火炬手，成为九江人心目中的偶像。

当时，广州亚运会刚刚开过，师生们还沉浸在浓浓的民族自豪感中，邀请吴国冲来参加升旗仪式，也是希望抓住契机点亮师生们热爱祖国、热爱体育、热爱生活的激情。

升旗仪式上这激动人心的一幕，还有另一重象征意义。在九江中学，我开始越来越明确地将"点亮教育"作为自己多年来教育实践和理念的集中表述，作为九江中学校本化、特色化的办学理念。

什么是"点亮教育"？就在2011年春天，国家级权威教育媒体《人民教育》刊发了记者任国平的长篇报道《点亮智慧，启迪人生：广东省佛山市南海区九江中学"点亮教育"纪实》。这可以说是"点亮教育"理念诞生的标志性事件。在这篇报道中，我这样说道："最好的教育是自我教育，最好的发展是主动发展。教育应该是点亮人的事业。'点亮教育'就是让师生拥有一种主动发展自己的能力。"

这些话代表着我对"点亮教育"的基本理解，也是我对"点亮教育"的原初认识，是我基于自己的成长经历和教育实践进行的实践反思与价值判断。

"点亮"一直是我教育实践经验中的高频词，也是我表述教育认知的一个核心词汇。从初为人师开始，我始终觉得，要点亮学生，教师必须先点亮自己。这也是我从那些名师身上得到的启示，带领班主任开展团队研修以后，就更觉得教师要有点亮自我的必要性了。

我的"点亮教育"理念的提出，与任小艾老师的指引和鼓励有着密不可分的联系，至今想来有这样三次难忘经历，可以说是我教育生涯中的关键事件。

2007年1月21日，南海区教育局组织的"与国内著名德育工作专家任小艾面对面座谈会"在九江中学举行。会议的第一个程序，是我作为学校德育副校长，向任老师介绍我校班主任培训的方案。准确地说，这也是南海区第一个校级班主任培训方案。

汇报完毕，我忐忑不安地期待着任老师的点评，任老师微笑着说道："你们南海区的班主任工作，无论是工作内容还是培训内容都走在了全国的前列，这项工作很有意义！谁抓住了班主任的培训工作，谁就抓住了教育的未来。"

这样的高度评价，完全出乎我们的预料。会后，任老师鼓励我："梁校长，你们的培训工作起步很早，用心去研究它，把它作为一个正式课题来做，坚持下去，一定会有好结果。"

我真是备受鼓舞，会后，按照她的建议，我们随即向省里申报了《班主任自主发展校本研究》课题，很快被立项并批准为省级重点课题。2010年9月，我们的课题顺利结题，成果相当丰硕：学校有了一支高水平的德育科研团队，成就了一批优秀班主任，还先后挂牌成为"广东省名班主任工作室""南海区名班主任培训基地"。我也是在这一年被提拔为九江中学校长。

2010年12月，任小艾老师第二次走进九江中学。这一次，她既是率队来学校采访，也是为学校未来的发展把脉。她对学校领导班子、老师代表、家长代表和学生代表一一调研、访谈，整整谈了三天。访谈结束，我再次诚心向她求教："任老师，您告诉我下一步到底该怎样走？"

任老师惜字如金地说了四个字——"点亮教育"。"梁校长，您以后就围绕这四个字下功夫，够你一辈子去做了。"同时，对于"点亮教育"的未来发展，她也提出了一系列的发展策略和更高要求。

正是以这次采访和调研为重要节点，我开始深入、系统地思考"点亮教育"的整体构建。不久后，我又申报了广东省级课题《"点亮教育"模式的研究与实践》，从理念到操作，从德育到教学，认真地搭建了"点亮教育"的框架，论证实施策略，细化实施方案……

可以说，我本人是被任小艾等名师点亮的人，又用学到的教育智慧，在九江中学点亮更多的人。我也欣喜地看见，教师一旦被点亮，他们身上所发生的神奇化学反应。

我喜欢"点亮"这个词，还因为在我内心深处始终觉得，教师不是一个牺牲自我、一味奉献的职业，而是"点亮自己，照亮他人；点亮他人，成就自己"，是要用自身的精彩去影响更多人，相互成就、共同发展。这才是教师真正的职业价值所在。从学校教育工作来说，学生和老师都是学校的主人，他们的发展都是校长应关注的大事。

实践也证明，在九江中学，通过学习研修和自我修炼，得到成长的不仅仅是班主任，许多教师也都有了脱胎换骨般的变化。

2010年之前，黄华斌是九江中学一位普通的体育教师。那时候的他虽然想上进，但是却又不知从何做起，一度挺苦闷。经过一段时间观察，我找他谈话，决定让他担任体育科组长，负责学校体育生专业训练。

"校长，我没有这方面的经验，怕带不好。"他坦诚地说。

"没经验就学嘛，谁也不是天生就会的。"我鼓励他说。怎么学呢？我交给他一部数码相机，让他每天拍下学生训练的视频和照片，然后和学生一起观看、分析，琢磨哪个动作更有效，原因是什么，怎样完善技术动作。

黄华斌很用心，经过一段时间后琢磨出一套独特的办法，也迷上了体育科研。他和体育科组的老师一起通过分析学生的技术动作，创新实心球投掷技术。当年，九江中学有3个学生凭借优异的体育成绩考入北京体育大学。更不可思议的是，他们多次改进实心球投掷技术，学生水平突飞猛进，为此，广东省曾5年内7次提高实心球体育加试标准，而黄华斌也成了远近闻名的"金牌教练"。

从黄华斌的专业成长中，我也更加坚定地认识到，要让教师在工作中研究、在研究中工作。2013年，我在学校提出组建"学习·研究型"团队，加强学科组、年级组、德育队伍的研修机制构建。

正如管理大师彼得·圣吉所倡导的，团队学习是学习型组织的核心，组织的成长必然来自团队工作的成长能力。在九江中学，教师们渐渐有了研究意识，用研究视角发现问题、解决问题。

化学科组就是这样一支优秀科组。每学期开学，化学科组的第一次教研活动，都会对一学期的教学作出精心安排：每个教学环节、每个教案的确定，每周一次集中教研的安排，每位科组成员本学期的公开课任务，等等，一切都安排得有条不紊。慢慢地，科组成员也都习惯成自然，把学习与研究当成工作的常态。

让我最赞赏的是，化学科组在每周集体备课时，不仅备教材，而且备课堂练习、课后作业，这些教学细节都由大家集体讨论后修改、定稿。全组统一教学进度、统一习题、统一难度，又允许教师根据不同的班情进行调整。因此，化学科组内的氛围非常和谐，大家既合作探究、共享互助，又尊重个性、充分自主。这种"学习·研究型"团队，也使得学校的化学教学质量"长盛不衰"。

最难得的是，因为有了学习、研究的意识，在九江中学的教师们养成了一种习惯，任何工作不做则已，一做必须认真对待，做出新意和成绩。学校党建工作，往往容易流于形式或"两张皮"，但我们提出，用建设"学习·研究型"团队的理念开展党建工作，把党支部建在备课组，让党员教师敢于亮名片，既要做思想上的先进分子，更要做专业发展的排头兵、带头人。因为这一创新举措，学校的党建工作在2015年被南海区机关党委评为"先进党支部"。

几年来，九江中学在班主任、年级组、科组备课组和党支部建设上，形成了一支支极具战斗力的"学习·研究型"团队，为学校的快速发展提供了坚实的保障。而我心中的"点亮教育"理念，也越来越清晰。

教育是点亮人的事业。但究竟要点亮什么呢？我想，要点亮的应该是人的理想和信念，是人的使命、激情和志向。"点亮"包含双重含义：既点亮自己，也点亮别人，只有先点亮自己才能点亮别人。在这一理念指导下，管理者要能创造性地利用各种优质、多元化的教育资源和手段，激发师生自我发展的内驱力，引导师生找到人生目标，主动寻求自我发展的策略，最终成就自我、激励他人。

"点亮"二字，看似浅显，却又值得深思。"点"是点燃、点拨、点化，不是用行政手段或强制性措施，而必须用生命、用激情、用创造、用思想来点亮。"点"是唤醒生命内在的精神力量，它的终极目标是"亮"，"亮"是精神、是文化、是教育的一种境界。

我也常说，"天生其人必有才"。每个人都有进步的愿望，每个人都有亮点，这个亮点就是他的个性、兴趣和爱好。而"点亮教育"的使命，就是要把他们培养成具备四种特质的人——有人生理想的人、按规律办事的人、身心灵合一的人、敢于负责任的人。

随着对"点亮教育"的思考越深入，我们的办学实践越来越厚实，也很快迎来了一次全方位的检验。

2011年12月，作为南海区教育改革的一次大阅兵，一场火热的特色教育对决赛正在上演。那就是南海区教育局竞争性资金分配项目的答辩场。当天，我和田冬冬、贾高见组成九江中学答辩团队，在答辩会上信心十足地阐述"点亮教育"理念、创新做法及未来展望。陈述完毕，现场响起了阵阵掌声。

当主持人公布结果那一刻，我们的心都吊在了嗓子眼上。为了制造悬念，主持人公布的入围名单是从后往前念："看来我们是进前三了。"我信心十足地说，心中更加期待，也更为兴奋。从参与竞争的其他学校情况来看，"点亮教育"确实成绩不凡。更何况，这份项目申请报告，也是我们研究团队反复打磨、集体智慧的结晶，可谓志在必得。

主持人继续念下去，第三名、第二名，仍不是九江中学。难道是第一名，或者是……我有点忐忑了。正愣神的工夫，听到主持人大声宣布："第一名，九江中学。"那一刻，我们三个大男人兴奋地跳起来，忘情地欢呼着。一瞬间，泪水模糊了我的眼睛。

就在这次活动中，"点亮教育"以全场最高分得到专家高度评价，获得南海区特色项目学校竞争第一名，并获120万元分配资金。

这一次答辩活动，九江中学"一战成名"，我也因此得到了一个"梁点亮"的绰号。

2012年4月，我受邀出席"全国班主任专业化专业成长高层论坛"，我的专题报告《点亮自我，点亮他人》受到与会代表好评，会后许多学校和教师来到九江中学学习交流。

让我最激动的是，2013年春，任小艾老师第三次来到九江中学。我们精心梳理了学校这些年的实践创新和成长变化，由我和几位教师代表分别向任老师做了报告。听完我们的讲述，任老师大为赞赏道："到目前为止，九江中学的'点亮教育'超乎我的预期。这是学校的首创，也是你们独有的，是九江中学从校长、教师到学生，共同创造的一个品牌，也是学校的一个标志性特色。"

在我心里，这也是一次向导师提交实践成果一样的重要时刻。能得到如此褒奖，我由衷喜悦。我是幸运的，有这样的精神导师点亮我的教育梦。而点亮每一位师生、点亮更多人的教育梦想，也是我愿意为之奋斗终生的事业。

坚守"点亮教育"，让学校实现完美逆袭

2012年暑假，天气格外闷热，九江中学的校园气氛也格外压抑。这一年高考，学校考砸了。

当时的我刚任校长两年，正憧憬着办一所有鲜明文化特色的学校。凭着对教育的热爱以及对德育工作的探索和领悟，我在班主任队伍建设上已初有建树，学校的"点亮教育"理念与实践也在国家级媒体、省市媒体上被多次宣传。没想到现实却给了我"当头一棒"。

"都是抓德育耽误了事。""'点亮教育'怕是点不亮了？"面对尴尬的成绩，各种质疑的声音此起彼伏。

问题出在哪里了？我一时陷入沉思，内心深处的教育理想要坚守，但也要直面问题，勇敢地自我剖析，自我改进。

现实是残酷的！一所学校要想发展，首先就得生存下去。没有教学质量，谈何生存？尽管成绩下跌有客观原因，但找借口是不可能有出路的。性格温和的我说了一句狠话："明年学校教学质量没有起色，我就辞职！"

"军令状"已立下，如何背水一战，走出低谷？这不仅是对我

个人的考验，也是对"点亮教育"的一次挑战。

改革有阵痛，不改革就是长痛。经过深思熟虑，我决定启用年富力强、有干劲、有思想的年轻人，实施扁平化管理架构，突出核心、强化合作，组建新的备考团队，开启一项学校管理结构的改革布局。

抓德育真的会影响升学率吗？在我看来，这是个伪命题。喜欢研究传统文化的我，从太极图中悟出了教育的智慧：德育与智育，就像太极图中的一阴一阳，你中有我、我中有你，原本不分彼此，但在大部分学校，德育、智育分属不同部门，难免在实践中相互"打架"。

怎么解决这个问题？改革后的九江中学，年级主任一人兼管德育和教学，同时组建"一年级主任＋两级长＋两核心团队"的扁平化管理架构，明确由年级主任主管年级德育教学一体化全面工作，德育级长负责数字化常规管理，教学级长负责教学数据管理。"两核心团队"，即班主任团队与备课组长团队，具体跟进落实年级各项措施。

新的架构下，不同的角色有不同的责任，确保指令精准发出、高效执行、及时反馈、优化迭代……最重要的是，德育、智育"打架"的矛盾也迎刃而解了。

那一段时间，我下沉到年级部指导年级主任开展培训、引导两个核心团队，通过"学习工作化、工作学习化"措施，将核心团队工作会议变成培训会议、学习会议，让班主任在会议中学习备考的规律，成为备考专家；让科任老师了解学生身心状态，在学科教学中育人。聚焦德育教学一体化管理目标，我们凝聚全体教师形成教育合力，在课堂教学中兼顾教书、育人的统一，调整教与学的关系，加强沟通交流，共同引导学生自主发展、自主学习。

与这一管理机制改革相辅相成的是，我们"磨刀不误砍柴工"，着眼长远，建立了学校的德育教学一体化管理平台，积淀形成了"班主任工作例会资源库""备课组长工作例会资源库""教师例会资源库""系列化主题班会与班会素材资源库"，开辟了数据管理的新尝试。

有了数据管理平台，我们优化项目流程管理，把年级组的每一项措施都落实到位，让每一个举措从颁布、实施、反馈、改善，形成一个闭环，狠抓落实的同时，收集反馈数据，实现管理自我迭代优化。就这样，我们的学生请假流程、学生床位、座位坐标调整流程、考试管理流程、学生违纪自我教育流程、教学目录制定流程、备课组活动流程等，都逐一建立起来，纳入数据管理。

有了新的管理工具，查找问题、分析问题也如虎添翼。通过分析现行教学常规运转现状，我发现，教学质量不高的另一症结，是没有处理好"教"与"学"的关系。教师教得过多，课堂上仍习惯于"满堂灌"，大量挤占了学生自主学习的时间。

这个问题要不要解决？面临高考的巨大压力，要实施这样"高利害"的教学改革，实在是如履薄冰。

思来想去，我痛下决心，将改革进行到底！

我们就从高三入手，根据不同学科特点，大力精准压缩讲授课时。比如，高三每周原有7节数学课，被压缩为一周6节，留出1节让学生自习。一段时间后，又进一步压缩为一周5节数学课，2节自习课。再后来，每周只有4节数学课，3节自习课……

这样做的初衷，就是倒逼教师挤出课堂水分，学会精讲精练，逐步从课堂退出，把自主学习时空还给学生。

改革立竿见影，过去流于形式的备课组活动现在大为改观，教师们都在认真研讨如何提高课堂效率。仍有个别教师想不通，偷偷给学生补课。学校一经发现，通报批评。教师起初觉得挺委屈，但一段时间后，减课时的教师教学成绩都提升了，补课的教师成绩反倒落后，这下大家慢慢都信服了。

我很欣慰，这是"点亮教育"在教学中的初次尝试。实践证明，只有教师从课堂退出，学生才能丢掉依赖教师的拐杖，学会自主发展。我也趁热打铁，全面优化教学常规管理，精准施策、提高改革效应。

虽然减少教师讲授课时、倡导学生自学的做法，已成为师生们的共识，但仍有人质疑：把时间和空间还给学生，学生能用得好吗？教学质量如何保障？

的确，课时改革只是第一步，学生学什么，怎么学，也至关重要。

于是，着眼于质量监控，我们推出了另一项创新性教学改革策略——"教学目录"。

每个周末，各学科备课组长要把下一周的教学任务和作业习题列出来，汇总给年级主任，编制成统一的教学目录，学生人手一份。这样，下一周教师教什么，学生学什么，如何检测评价，一目了然。

如果某一学科教学任务过重或作业量过大，年级主任有权删减，避免各科相互抢时间。学校规定，不准超出教学目录给学生讲课或布置作业。为严格落实，学校一度专门设置了一个"擦黑板"的教师，发现自习课有额外布置作业的情况，当即擦掉。

教学目录的一大亮点，就是作业布置。因为作业定量，也倒逼教师精编练习题，提高作业质量。同时，教学目录的编制充分考虑学生的学习差异，其中有一些弹性的设置。许多学科都有了分层作业，为不同程度的学生提供适合的学习内容。

教学目录的使用，精确地调控了"教"与"学"的关系，实现了教学管理精细化，无形中也促使学校更加注重做好各项工作预案。每学年开始，我们依据一学年的节假日、重大活动和事项安排，编制好学校周历、月历、年历，让师生们心里有数，让教育教学更加科学有序。

德育教学一体化改革，也是学校数字化管理的催化剂，让九江中学成为利用大数据对学生进行综合素质评价的先行者。

2011年底，在争取到区里的120万元特色教育扶持资金后，我们当即决定，把这笔钱用于学校德育教学一体化大数据管理平台的开发建设。

在我看来，这个平台的建设，不是为了加强对师生的管控，而是作为收集、展示师生亮点，为师生自我点亮提供正能量的数字平台。

这个德育教学一体化大数据管理平台，被我们命名为"E点亮"，一语双关，既是为点亮教育提供数据支撑，也是要借助新的教育工具，发现师生们身上一点一滴的亮点。

基于这一管理平台，我们又进一步优化学校管理机制，设立常规部、生活部、数据部、传媒部、培训部、研发部等六个职能部门，利用"E点亮"平台建立了学生基本信息管理系统、学生操行分管理系统、文明班管理系统、学生成绩管理系统、家庭报告书管理系统等五大系统，实现德育教学管理的数字化。

有了"E点亮"，信息记录、反馈、跟进极大提速，在最短时间可将各项数据分送给班主任和科任教师。我们还将平台对接学校公众号，方便家长使用移动设备了解学生在校表现，有效实现家校互通。

一个问题解决了，新的问题又接踵而来，大量的数据收集、录入，如何保证不占用教师时间，不增加他们的工作负担?

这个问题，我们在平台的设计研发时已经考虑了，数据部的设立正是为了解决这一难题。我们设定了18项数据采集点，涵盖学生在校的操行、成绩、作业、考勤以及社团活动等情况，相关教师只要把数据送到数据部，就会有专人及时分类录入。

有了这个大数据平台，就意味着每个学生在校三年的成长数据都会完整留存。大数据的使用，让学生管理有了科学依据，我们建立了学生成长的预警机制。例如，当学生一段时间违纪较多，他的成长数据接近临界值，平台就会自动弹出窗口，给予提醒。如果状况继续恶化，平台就会发出黄牌乃至红牌警告，由班主任或德育处介入教育。

当教师习惯了这样的数据管理，自然也就告别了过去"经验式"的管理方式，学会更多地关注学生，并注重学生的全面发展。

尽管如此，也有人会产生疑问：数据化管理是否限制学生的发展，使学生处于管理重压之下？

对这个疑问，我的回答是：数据本身是客观的，关键在于有了数据怎么用。在九江中学，我们提出，"要让数据有温度"。具体来说，在数据收集时，我们要求正面数据要多于负面数据。同时也告诉教师，当学生有了负面数据时，恰恰是为我们提供了教育的契机，是教师了解学生、帮助学生的好机会。

例如，学校期中考试以后，各年级都会对各项教育教学数据进行整体分析，然后出具一份学生发展的总体分析报告。在这份报告中，各级部门会对班级文明评比、学生操行、家长反馈、各学科测试成绩等进行综合分析，对各项数据进行相关性分析，找出学生的进步表现和存在的问题，进而分析背后的教育规律，提出教育改进的方法建议。

更为重要的是，在这样的数据分析报告中，最后总会提醒教师，要注意个别学生的情绪波动，注意和家长做好沟通，多对学生进行正面激励，抓住学生成长进步的契机进行班风、学风、诚信教育等。同时提醒青年班主任，要注重因材施教，遵循关注、提醒、指导、鼓励等环节，让每一名学生都能感受到关爱。

我想，只有这样，我们的数据才是有价值的，才能够让教师关注到数据背后活生生的人，让我们的教育有温度。

让九江中学师生深感自豪的是，这些年学生的生源虽然没有改善，但通过这样的教育教学创新，我们的教育质量大幅提升，从2013年开始，学校高考增长率连续4年稳居南海区首位，实现了完美逆袭。

点亮师生的心灯，走出特色发展之路

2017年4月22日，九江中学迎来85周年诞辰，逾万名校友回到母校，再续师生情谊。儒雅气质的礼仪队和具有岭南特色的舞狮队在校门口迎接各方宾客的到来。

上午9时，学校国旗班的学生身穿礼宾服，迈着整齐的正步，在综合楼广场举行升旗仪式，五星红旗和九江中学校旗冉冉升起，迎风飘扬。升旗礼毕，学子们手握朱九江先生"四行五学"诗文，庄严祭拜朱九江先生210周年诞辰。在纪念堂前，学子们习跳"六佾舞"，承百年儒风，修德才之品。

这盛大庄严的场景以及在校学生的良好仪态，让校友们赞不绝口。让他们频频点赞的，还有九江中学近年来飞速提升的教育教学质量。学校近几年高考重点上线人数年平均增长46%，2016年更是有多名学生被全国一流高校录取。同时，学生在各类比赛活动中屡获佳绩，当年获省级以上奖励85人次，国家级77人次；教师专业发展也令人鼓舞，当年有51人次获省级以上奖励，39人次获国家级奖励；学校班主任团队也是成绩骄人，连续获得南海区、佛山市、广东省班主任能力大赛第一名。

虽然我在2016年调任狮山镇教育局局长，但回到九江中学，亲历这一盛会，也为这所学校的蓬勃发展而由衷高兴。

这些年来，在"点亮教育"的感召下，一批批教师的成长意愿被唤醒，教育理想被点亮，他们如雨后春笋般茁壮成长起来，成为这所学校可持续发展的强大动力。

作为这一批教师的优秀代表，也是和我并肩战斗、默契合作的同事，现任校长田冬冬在传承与创新中，为九江中学发展带来新的希望。

田冬冬也是一毕业就来到九江中学任教，当时作为青年班主任踊跃加入德育科研核心小组，是小组的骨干成员。从一开始，我就对这个做事认真、沉稳内敛的年轻人十分欣赏，注重让他在各项任务中成长。难得的是，每一次他都能以富有新意的做法，创造性地完成交给他的任务。

田冬冬担任物理备课组长时，就尝试运用"点亮教育"理念，倡导学科育人，从提升课堂效益、培养学生创新精神和实践能力出发，精心设计校本课程，设计适合九江中学学情的教学流程。因此，2010年，他带领的那一届学生在当年高考中，物理成绩高分段人数是兄弟学校的近两倍。

在我提出建设"学习·研究型"科组后，田冬冬积极响应，努力做一个研究型教师。几年时间里，通过参与教学研究，不断提升理论修养，发表了多篇论文，教学设计也多次获奖。

2011年，田冬冬开始担任德育处主任，按照"点亮教育"理念，大刀阔斧调整德育部门框架、建立长效监督机制、优化德育量化制度、开发建设德育网络平台等措施，为德育管理提供了一系列高效工具。几年来，学校校风学风显著优化，育人特色越来越凸显。

2013年，学校面临发展低谷，田冬冬又勇挑重担，主抓高三教学备考和德育管理工作。虽然压力很大，但是我们达成一致意见，一定坚持"点亮教育"的理想信念，实施德育教学一体化管理，把学习的自主权还给学生。在大家的共同努力下，当年高考九江中学打了一个漂亮的"翻身仗"。

在我离开九江中学后，田冬冬继任校长，成为南海区高中学校少有的青年校长。近几年，学校继续践行"点亮教育"理念，也稳步朝着岭南名校的目标迈进。

古人云："闻道有先后，术业有专攻。"在九江中学一批批快速成长的教师中，最让我感到欣慰的是这样一位"大器晚成"的教师。

他叫王剑平，是从教20多年的老教师，也是一位很有经验的班主任。应该说，他工作一直很勤奋，但似乎一直缺少提升方向。

有一次，我找王剑平谈话："王老师，您的班主任经验很丰富，值得好好总结经验，做生活的有心人。"这一番话，让王老师有了一些触动。从此，他很注意学习，阅读了大量的教育书籍，尤其是班主任管理方面的书籍，学习优秀班主任的教育智慧。借助学校的德育科研平台，他先后参加了省级重点课题《班主任自主发展校本研究》和中央教科所重点课题《班主任专业化与现代化班集体建设研究》。

慢慢地，王老师找到了自己在班主任工作上的追求目标。也许是机缘巧合，一次外出学习，他在机场候机大厅的书店里，无意中看到一位文化学者的演讲视频，因而深受启发。不久后的班会课，讲到每个人如何看待人生、看待世界和看待自己，王剑平就播放了这段视频。学生们看得津津有味，班会课效果特别好。

这让王剑平豁然开朗，从此专门探索"小视频，大德育"模式。他结合学生成长的点点滴滴，或者从网上寻找合适的视频，或者把班级发生的教育现象拍摄下来，制作成教育素材。

"看他人的故事，想自己的人生。"小视频不仅帮助学生不断发现自我蕴藏着的力量，还成为王剑平班级管理的制胜法宝，正如他所言："其实每个孩子内心都是向上的，每一个学生都可以被点亮。"

几年来，王剑平进步神速，被评为南海区"首席班主任"、南海区"十佳班主任"、佛山市首批"名班主任"、广东省中小学"名班主任"，之后曾担任广东省"名班主任工作室"主持人、广东省中小学班主任专业委员会秘书长，还出版了专著《自为班级与班主任的志业人生》。

这样的成长历程，也让我深有感触。教师的成长也是需要机缘的，每个人都渴望成长，在他们内心里潜藏着一颗火种，作为校长，我应该点亮他们内心的渴望。

作为九江中学的一位教学骨干，王美玲老师也曾遇到职业发展瓶颈。她专业功底扎实，个人业务能力较强，教学成绩优秀，受到了学校和学生的一致好评。但随着时间推移，对于自己的职业发展方向，她一度陷入迷茫。

在学校教师例会上，我曾说过："教师不能做一个只会照亮别人的教师，或者被动地等待被别人照亮。而是要学会主动地点亮自己，追求自我点亮的生命状态。"

也许是"一语惊醒梦中人"！在"点亮教育"的指引下，王美玲老师开始重新规划自己的职业生涯，主动担任英语备课组长，对教材、教法、学情和高考进行深度研究。在高三英语备考上，她改变传统"一本辅导书用到底"的模式，大胆地把辅导书搁置一旁，带领科组教师针对学生实际情况，合力编写了《高三英语复习学案》，并加强对历年高考英语试题的分析研究，选取十大高频考点，编写了《高考语法高频考点回顾与训练》学案。

科学的教学研究，效果立竿见影，这些针对性强的学案很受学生欢迎，我也对她的做法大加赞赏，称赞她的备考经验为"美玲模式"。在王美玲老师的带领下，2013年，高三毕业生的英语成绩大幅提升，创造了九江中学的历史新高。

经我推荐，王老师随后参加了中英校际连线"梦想与团队"项目的培训。培训回来的她视野更为开阔，把该项目的宗旨与"点亮教育"有机结合，在学校和社区开展丰富的文体活动，引入多元文化知识，促进学生综合素质发展，提升学生的组织力、领导力和合作能力。最终，学校有12名学生获全国半数以上的"学生领袖"奖，学校也获得了"优秀项目学校"的荣誉。

在一篇教育随笔中，王美玲深情地写道："回首这两年的成长，我要感谢'点亮教育'，它不仅'点亮'了我的职业规划，让我得以继续发展，也'点亮'了我教过的莘莘学子。"

教师如此，学生亦然。每个人身上都有亮点，这个亮点可能是他的个性、兴趣和爱好，或者成长中的某一细节。善于发掘亮点，点亮学生，激活学生，让学生获得自主发展的能力，才是教育的价值所在。

我始终认为，对于教育而言，就是要点亮学生的智慧，点亮学生心灵，激发学生自我寻求点亮，让他们发现潜能，拥抱光明。

在九江中学，从新生入学开始，"点亮教育"的理念就一点一滴地渗透在学校生活中。德育处安排了一系列主题教育，通过理想、目标、爱校、感恩、规范、习惯、纪律等教育专题来激活学生的人生梦想，引导学生做好"人生三年规划"，过好三年的高中生活。

最好的教育是自我教育，最好的发展是主动发展。为了让学生学会自我点亮，九江中学创设各种"体验式"校园实践组织。

"体验式"校园实践组织是以学生为管理者的校园团体，突出学生在活动中的主体性。学校成立"红棉书社"，由学生负责运营图书馆和流动书屋；成立"儒林院"，由学生负责组织各学科的专题讲座；还有"传媒中心"，由学生负责学校的宣传片制作、新闻采编等工作……同时，学校建立导师指导机制、监督机制和评价机制，让教师全程陪伴和指导，并通过"E点亮"网络平台，量化评价和实时记录学生的校园实践活动。

"体验式"校园实践组织让学生走出课堂、走进生活，在实践活动中体验，在体验中发现自身特长优势，从而实现"自我点亮"。

陈钦德，2017年高考以优异成绩被中山大学录取。回顾高中生活，他无比怀念，高中阶段参加的两个学校社团让他获益匪浅：一是云帆文学社，通过文学社组织的活动提高了他的阅读和写作能力，也拓展了知识视野；二是模拟联合国活动，通过演讲来阐述观点，同学们为了"国家利益"辩论、磋商、游说，由此激发了学习的兴趣，挖掘了学习的潜能，也培养了爱国、自信、果敢的优良品格。

在这个校园里，真正是"天生其人有其才"。每一个学生都能在这里找到实现理想价值的舞台，点亮人生的理想。

2012年4月，九江中学80周年校庆，广州本土音乐组合"拾音社"主唱何柏诚登台献唱，引发台下的学生阵阵欢呼。让学生们兴奋的是，何柏诚是几年前从这里毕业的九江中学校友。那天，他特地演唱了一首献给母校的原创歌曲——《红棉花瓣》。

提起自己的成长道路，何柏诚一直感恩高中班主任杨惠娟老师。当年学习成绩不太好的他痴迷音乐，梦想成为一名歌手，他的这个梦想在九江中学得到了充分呵护。"我有今天，正是当年班主任杨惠娟老师一句'有梦想，就去追吧'，点亮了我追求梦想的明灯。"何柏诚说。

在九江中学，有不少像何柏诚这样的学生，他们没有因成绩或其他方面的不足而被歧视，相反，他们的个性特长被充分张扬，人生理想在这里被"点亮"。

2017年7月，高三（19）班学生梁馥川以专业全国第七、文化课成绩超线102分，被清华大学美术学院录取。

梁馥川说，自己过去比较贪玩，老师又过于严苛，使他对学习产生强烈的抵触情绪。来到九江中学后，他遇到了张素美老师。张老师从不批评他，而是像朋友一样和他谈心，信心满满地激励他，这让梁馥川十分感激。英语是梁馥川最头痛的学科，为此，张老师经常给他"开小灶"，一对一面批作业，帮他制订可行的学习计划，高考时，英语居然成了梁馥川考得最满意的一门学科。

尽管九江中学无论生源还是办学条件，都不算很好，但许多学生觉得，能进九江中学是自己的幸运，他们在这里度过了三年幸福的时光。

九江中学传媒中心负责人梁毓在接受《珠江时报》采访时曾说："成就人才需要给他们一个良好的发展环境，让他们有家的感觉，有归属感，没有后顾之忧，尽情发挥所长。九江中学就是这样一个家，我很庆幸成为九江中学'点亮教育'理念下的受益者。"

"点亮自己，成就别人；点亮他人，成就自己。"这些年来，"点亮教育"的影响力越来越大，我也越来越多地走向珠三角乃至全国的教育讲坛，与更多的教育专家和同行交流。

在这个过程中，我对"点亮教育"的价值有了更多深入思考。我越来越强烈地意识到，作为一名校长，一个教育管理者，不能仅仅是一个上传下达者，一定要有自己的教育理念和办学思想，要把党和国家的教育方针、育人目标和改革政策，创造性地转化为校本化的教育实践和发展愿景，找到适合自己的发展路径。

有着80多年历史的九江中学，近年来因为各种原因，一度遇到发展瓶颈，即便近年来有了巨大进步，仍不是传统意义上的好学校。这样一所学校出路何在？难道因为条件所限，我们就失去了发展动力和存在意义了吗？

我想，绝不是这样的！点亮每个人的成长意愿，让每一个生命都出彩，显得更有必要和价值。

正是基于这样的初衷，我们提出了"点亮教育"，以此焕发教师的教育热情，唤醒学生的发展意识，以"培养师生的自主能力"为核心内涵，以"德育教学一体化"为中心路径，通过现代管理理念与传统学校治理理念的融合，激发教师的教育智慧和教学热情，促进学生的个性发展，最终实现成就自我和激励他人发展的理想。

"点亮"这个看似浅显而普通的词，背后有着丰富的文化意蕴，也诠释着教育、为人、为学的客观规律。

古罗马学者普罗塔克指出：学生不是一个需要填满的罐子，而是一个需要点燃的火种！一个生命的火种、精神的火种、心灵的火种！明代著名思想家王阳明则用其"知行合一"的一生实践来点化我们：心灯不亮，没有方向。"心光明，则一切光明"。这都启示我们，只要心中有光，光便无处不在。与其远望别人的光亮，不如点燃自己的心灯。

2016年12月7日，习近平总书记在全国高校思想政治工作会议上的讲话指出：我们教育引导学生，一个重要任务就是用"中国梦"激扬"青春梦"，为学生点亮理想的灯、照亮前行的路。

公共知识分子罗振宇也曾在他的2020跨年演讲《时间的朋友》中提到"教育的本质是人点亮人"。作为教育目标，教育不见得是我们教给别人什么，而是我们有机会点亮他。

2013年4月23日，九江中学举办"点亮教育"研讨会，这同样是一场朱九江先生教育思想的研讨会。

在研讨会上，我向与会专家、校长和教师代表汇报了九江中学的"点亮教育"理念和实践，从培养目标、理论依据、策略与方法等对"点亮教育"进行了系统阐述，并总结："'点亮教育'充分挖掘九江中学的潜在优势，合理、充分地利用学校独有资源，可以说它集天时、地利、人和，融传承和创新为一体，是九江中学独有的特色。"

听了我的汇报，时任南海区教育发展研究中心主任禹飙评价说："'点亮教育'的目标是培养敢于承担责任、身心合一、践行科学规律和有明确人生目标的学生，这与朱九江教育思想是一脉相承的。"

中国人民大学历史学博士杨翔宇是研究朱九江的专家，他对学校的"点亮教育"深表赞赏，并认为践行朱九江教育思想，重在"敦行"二字，"通过涵养内敛的修行功夫去'邪'扶'正'以后，人的精神面貌自会焕然一新"。

广东第二师范学院李季教授指出，"点亮教育"的提出，标志着九江中学的教育理念上了一个新台阶，不仅要"乐善九江"，更要"师道九江"，把朱九江先生的教育思想发扬光大。

专家的勉励与肯定，让我在深受感动的同时，也更加有一种沉甸甸的使命感。这些年来，伴随着"点亮教育"理念的发展，九江中学脱颖而出，走出了一条高中特色发展、文化立校的改革路径，教学质量持续上升，学生综合素养发展态势喜人，学校也先后成为国家级示范性高中、广东省普通高中教学水平优秀等级学校、广东省一级学校、中国特色教育理念与实践项目学校。

在九江中学的教育经历，成就了"点亮教育"，也成就了我，更给了我一个坚定的信念：要做好教育，离不开先进理念的引领，也离不开学习研究。这也是我来到狮山镇以后推行一系列教育改革举措的深层次动因。

我坚信：一个有教育理想的活力城镇，一群有科学方法支撑的教育人，一定会描绘出更为美好的教育蓝图。

第二章　一座城镇的教育理想

"如果有机会去管理一座城镇的教育，你认为最重要的事情是什么？"2016年5月，在竞聘狮山镇教育局局长前夕，我在脑海中反复追问自己这样一个问题。

每位竞聘者的演讲时间，只有短短5分钟，要向专家评委清楚地表述自己未来的教育施政设想，这的确是个挑战，何况我也没有教育行政部门的管理经验，我凭什么去打动这些专家评委呢？

但我想，对于狮山镇这样一个生机蓬勃、具有无限发展前景的产业重镇来说，一个镇的教育局局长所肩负的职能，绝不是单纯的行政管理，而是要有更开阔的视野、更强烈的使命感。那么，狮山镇的未来应该是什么样的？今天的教育又该为未来的狮山镇提供什么支撑呢？着眼长远，狮山镇作为生产总值过亿的"广东第一镇"，它应该对标的是上海、深圳这样的国际化大都市，从它们的发展轨迹中借鉴经验。

从这个视角来说，无论上海还是深圳的快速发展，无不是以一大批高素养、创新型的人才为支撑。换句话说，在经济腾飞的背后，必然要以"人"的发展为基础。厘清了这一点，我的思路也豁然开朗。

几天后，我信心满满地走上演讲台，陈述我的竞聘设想。"未来的狮山镇主要依靠人才竞争，能否留住现有的人，能否引进更多、更优秀的人，能否培育狮山镇未来发展需要的人，这一切都取决于教育。可以说，教育决定着狮山镇的未来。"我这样说道。

当我说完这段话，台下的专家微微颔首，我顿了顿，继续说道："展望未来，培育一座'岭南教育名镇'，应该成为狮山人的教育梦，也应该是狮山教育人的追求和使命。"

专家评委对我的竞聘演讲给予了高度评价，认为我提出的培育"岭南教育名镇"令人期待，很具前瞻性，也体现了宏伟的教育大局观。

一个多月后，我被任命为狮山镇教育局局长。也就是从那时起，培育"岭南教育名镇"成了狮山教育人共同的奋斗目标，更是我对狮山教育的郑重承诺。

这意味着，在随后的几年里，有一系列重要的命题需要我去给出答案：什么是"岭南教育名镇"？建设"岭南教育名镇"意义何在？用怎么样的改革实践去充实"岭南教育名镇"的内涵？通往这一理想目标的方法路径是什么？

让我深感自豪的是，如今，培育"岭南教育名镇"已经真正成为狮山人的教育愿景。在我的身边有一群热爱教育、胸怀理想，愿意干事创业的教育人，我们一起规划狮山教育未来的发展蓝图、用一项又一项坚实的改革行动，一点一点地撬动着这个目标；狮山教育发展着、生长着、变化着，也满怀期待地、一步一个脚印地推进着教育理想目标的实现。

从现实问题出发，找到教育的理想高标

狮山镇，位于佛山市南海区中部，这里山、林、湖、草资源丰富，生态环境良好，气候舒适宜人，就像岭南大地的一颗明珠。经过多次区划调整合并，如今已成为面积330.6平方千米、人口近100万的广东第一大镇。

近年来，随着地处珠三角广佛经济圈核心地带的优势，狮山镇

的经济高速腾飞，先后成为国家新型城镇化综合试点、国家电子信息产业基地、"广东省火炬计划"特色产业基地，形成以汽车及零部件、高端装备制造、有色金属、光电显示、生物医药等八大主导产业为主要方向的经济强镇，入驻世界500强企业23家，位列全国综合实力千强镇前列、广东第一。

如今的狮山镇既是一座产业重镇，也是一座教育大镇。全镇现有中小学及幼儿园近150所，同时每年新增入学（园）人口近万人。教育规模急剧扩张，优质教育需求激增。

我曾去地处狮山镇的某汽车公司南海区分公司参观，对现代制造业的智能化、科技化、自动化叹为观止。

这家企业2009年落户南海区，十几年时间已发展成一家纳税超40亿元的大型工业生产企业。参观中，企业负责人自豪地向我们介绍："我们这一条整车生产线，员工才200多人，平均每59秒就有一台成品车下线。"

面对这样的现代化大生产，我的脑海里不禁浮现出这样的追问：我们今天的教育，能否适应现代社会高速发展的需要？能否为未来狮山镇的发展培养出大批量的高素养、创新型人才？

更迫在眉睫的问题是，随着高科技企业的入驻，大量的高端人才、行业精英以及产业工人来到狮山镇，他们的子女的受教育问题能否得到满足？同时，随着城镇化建设的加快，每年大量外来人口涌入，使狮山镇的教育供给面临巨大压力。

在参观考察交流时，企业的员工也提出，虽然自己在狮山镇工作，但孩子的教育很难得到保障，他们觉得在这里工作没有归属感。听到这样的话，我当时心里真是倍感压力。的确，现代产业是狮山镇的立镇之本，全镇企业总数达5000多家，产业工人已逐渐成为狮山镇产业发展的中流砥柱。而要留住这些人，让他们在狮山镇安居乐业，教育是最重要的先决条件。

审时度势，狮山教育面临两大不可回避的突出难题：一方面，面向未来，如何为狮山镇社会经济发展培养高素质人才，包括"狮山制造"急需的大量产业工人；另一方面，立足现实，教育作为最受关注的民生工程，如何回应百姓关切及新市民子女的入学问题？如何用优质的教育吸引更多行业精英和创新人才落户狮山镇？

作为狮山镇教育局局长，我怎样在自己的任期内解决好这样的难题，递交一份圆满的答卷？

来到狮山镇以后，我对全镇的教育情况进行了摸底和深度考察，发现狮山教育仍然存在一些亟须解决的难题：学位紧缺问题依然存在，教师队伍建设力度急需加强，校际发展不均衡，资源配备落后于周边镇……显然，要培育"岭南教育名镇"，现有的教育规模、学校布局和教育质量等都有许多"短板"。

有一天，我在湖边散步时，无意中听到几个家长闲聊：

"听说，某某小学就要招生了。我小孩应该能读得上，要不接送就太麻烦了。"一个家长说。

"哎，你算是幸运的。我小孩读幼儿园大班，因为积分不够，可能要回乡下读小学了。"另一个家长说。

"真难啊，我和先生因为证件和社保的问题，到现在还在为孩子的学位四处奔波，眼看孩子要失学了。"还有一个家长说。

听到这些家长的谈话，我的心里真不是滋味。这几年，随着外来人口增多，也随着家长让孩子接受更好教育的需求激增，新的"上学难"问题又出现了。尽管问题的产生有各种客观原因，但狮山镇教育资源分配不均、质量不一，也是不容否认的事实。由于城镇化进程过快，房地产迅速发展，外来人口大量涌入且相对聚集，造成教育规模急剧扩张，学位需求剧增。近几年，狮山镇每年都会新建或扩建一批学校，但教育资源仍供不应求。

从教育管理的宏观视角看，问题很清楚，也事出有因。但是，从这些家长的谈话中，我才真切地感觉到，问题的背后是一个个渴望好教育的家庭，是面对教育难题无助的无数家长，还有那些耽误不得的成长中的儿童！

面对这些多样化、优质化、个性化的教育需求，教育该如何作出适切的回应？

狮山教育虽然早就实现了教育基本均衡，但近年来，由于校园设施设备折旧、更新更换不及时，许多学校存在教育硬件设施的"短板"。记得上任后不久，我到联和吴汉小学去调研，和教师们召开座谈会。一说到学校的硬件条件，许多教师就开始抱怨，看来这些问题困扰他们不是一两天了。我走访了其他一些学校，都不同程度地存在类似的问题。

归根结底，面对家长和社会从"有学上"到"上好学"的需求转变，狮山教育急需从基本教育均衡走向优质均衡，首先要解决好两个问题：

一是校际办学水平的均衡问题。怎样让每一所学校都实现优质、特色、高质量发展，成为百姓"家门口的好学校"？

二是教育设施设备的更新换代问题。陈旧的教育硬件需要尽快更新，部分学校功能场室严重不足，与学校的发展定位不匹配。对标广东省现代化学校标准，狮山镇不少学校还存在较大差距。更何况，教育已经进入大数据、云时代，但部分学校的电脑设备和校园网相当落后，怎么应对人工智能时代的教育发展需求？

同样不容忽视的，还有师资水平的提升与优化。在调研中，我也听到不少教师反映，他们渴望成长，但发展渠道受限，专业成长平台缺乏，学习进修的机会少。

"我大学毕业就来到狮山镇任教，很想做一个好教师，但从教这几年，奋斗的激情渐渐被烦琐、忙碌的工作磨灭了，静下心想想自己的职业发展，感觉很迷茫，不知道出路在哪里。"一位青年教师这样说。

这位教师的话很有代表性，从我调研的总体情况看，许多教师都面临专业发展困境，急需拓宽教师成长通道，促进教师专业成长。

从教育发展的"软件"来说，教师队伍整体素质不高，已成为制约狮山教育改革发展的"瓶颈"。具体表现为：一是教师配置不均衡，教师学科结构失衡、年龄结构失衡、镇级以上骨干教师分布失衡；二是公办教师紧缺，相当一部分教师属于镇聘教师，他们与在编教师工作量相当，但待遇偏低，影响了工作的主动性和创造性；三是狮山镇教师的职称水平、名师培养等指标均低于南海区平均水平；四是全镇公办教师平均年龄超过45岁，年龄偏大，教师满意度和幸福指数偏低。

值得一提的是，这些年狮山镇引进了一批高学历的新教师。他们虽然学习热情高，渴望发展，但缺少专业培训与专业引领，缺少科学的教研工作机制，找不到成长的方向。

一番深入调研下来，我不禁想到了一句流行语："理想很丰满，现实很骨感。"狮山教育的基础虽然是不错，但面对更高远的理想目标，我们还有很长的路要走。要一步一步解决好当下的问题，以创新思维为狮山教育的未来发展做好顶层设计，从方向、理念、路径、方法等方面做出科学的、长远的发展规划。

我们的变革之旅，是从学习开始的。为了给狮山教育找到理想的参照系，我带领一批镇教育行政干部前往深圳市南山区进行教育考察，与南山区教育局领导班子进行深度交流。

南山区教育，可谓是深圳教育跨越式发展的典范。从1990年建区之初，到1992年正式开启"南山教育现代化工程"，再到2002年被评为广东省首个教育强区，南山区用十年左右的时间实现了农村教育向城市教育的转变。此后，南山教育更是一路高歌猛进：2008年成为广东省首个推进教育现代化先进区；2014年获评全国义务教育发展基本均衡区；2018年南山区政府履行教育职责评价珠三角第一名……一项项骄人的成绩，记录了南山教育跨越成长的足迹。

追根溯源，南山教育的神奇变化，在于建设了一支高素养的教师队伍。在"深圳市年度教师"评选中，南山区教师连续五年在激烈竞争中脱颖而出，蝉联这一殊荣。

在与南山区教育局领导的交流中，我了解到，南山区教师高水平发展很关键的一项创新举措是该区在全省率先成立区级教师发展中心，培育创建20所教师培训基地学校，成立涵盖了学前至高中的176个区级名师、博士工作室，覆盖全区3000多名教师。这无疑为教师队伍建设提供了强大的"造血功能"。

在此基础上，南山区以实施行政导向的"先锋计划"和学术导向的"引领者计划"两条路径，规划好教师发展，并先后实施纽扣计划、未来教师计划、区级名师工作室计划和榜样教师计划，完整设计教师的终身发展路径，同时通过系统推进教师阅读，倡导教师终身学习，推进教师继续教育和全员培训。

得益于此，南山区教师队伍建设已从"引进人才为主"的1.0版、"引进人才+自主培养"的2.0版，发展到"自主培养为主"的3.0版，为南山区域发展和各级各类教育发展提供师资支撑。

更让我深受启发的是，南山区也面临由于产业转型、人才集聚而出现的优质教育资源短缺，他们的解决方案很有借鉴价值。为满足百姓对优质教育的渴望，南山区科学规划、合理布局，并在新建学校的文化和课程建设上下足功夫，探索出了新建学校"办一所优一所"的"南山经验"，形成了布局合理、结构完善、规模适度、质量均衡的义务教育新格局。

这次南山教育考察收获很大，让我对狮山教育的未来充满了信心。许多相似的发展难题，在南山区找到了可以借鉴的解决思路，对于如何打造高素质专业教师队伍，如何在新建学校上提速保质，如何为狮山镇未来发展提供有竞争力的教育，我心里慢慢有了一些设想。

我们要对标教育先进区域，但同时，更重要的还是要坚守自己的教育理想。要推进教育的改革发展，必然会面临各种各样的问题，但我们一定不能陷入问题情境里，忙于"头疼医头，脚疼医脚"的所谓改革，而是要有教育的高站位和改革大局观。因此，培育"岭南教育名镇"的提出，既寄托着打造与区域未来发展相匹配的高质量教育的期许，又像是为这座城镇注入一份教育理想，在带领狮山教育人解决这些结构性问题的同时，将会到达一个更美好的教育远方。

在"学研行"中起步，搭建理想的"脚手架"

追求理想的道路，从来都是荆棘与光明并存。对狮山教育来说，也是如此。正所谓，前途是光明的，道路是曲折的。

作为一个在当地经济结构中举足轻重的产业大镇，面对如此大的教育规模和体量，狮山教育的重要性和特殊性自不待言。换言之，要办好狮山教育，必须要有更开阔的视野、更前瞻的眼光以及更现代化的理念与实践。这无论是对狮山教育，还是对我这个教育局局长，都是全新的命题。

我该如何做好狮山教育的顶层设计？用怎么样的教育理想愿景，去凝聚狮山教育人的智慧，形成发展合力？

当然，一个城镇的教育如何发展，也并不是毫无先例。放眼国内外，许多区域教育发展的典型经验，都值得学习借鉴，从中找到推进狮山教育发展的有效方法。

别尔哥罗德州，俄罗斯一个高度发达的工农业地区，曾被评为俄罗斯"近10年投资风险最低地区"，也曾创造了区域教育发展的奇迹。

2007年，在国家优先教育项目框架下，别尔哥罗德州开始推进教育现代化。他们全力开展创新教育实践，对教育工作者创新活动给予充分支持，并为改进和优化教育条件做了大量工作：为教育机构配备现代化计算机，提供教学实验设备和交通运输工具等；在普通教育学校引入新的基础教学计划，在中学高年级实行侧重专业式教学。

因为创新教育项目，别尔哥罗德州先后有200多名教师因精湛业务和突出业绩获"联邦总统奖"，有82名优秀青年获得"14～25岁天才青年奖"。

综观别尔哥罗德州的教育现代化之旅，有两点成功经验：

一是他们以教育综合改革推进教育现代化。该州实行新的教师薪酬制度，增加教师的工资收入；引入标准定额拨款机制，促成普通教育机构体系中竞争机制的形成；建立独立的区域教育质量评价体系，并逐步完善教育质量监测体系；扩展教育管理中的公共介入，提高社会参与教育管理的积极性和管理能力等。

二是以教师专业化发展带动教育质量提升。他们在促进教师专业化发展方面有一系列前瞻性探索，重视发展教师共同体的互动网络，在专业服务机构指导下开展教师协作，针对不同发展对象制定实施不同的教育计划；选择有效的教学手段，并保证教育计划和最优教学法，以及新教学方法资料的质量等。

以教育综合改革为抓手，重视教师专业化发展，这是别尔哥罗德州在区域教育发展上的成功经验。

可见，无论是国外还是国内的区域教育改革发展，都有这样的共性：一是明确定位，始终把教育事业放在区域优先发展的战略位置；二是做好规划，制定顶层设计的区域战略，整体部署，系统推进；三是重视教师专业发展，找到适合的教育教学载体，打造了一支优秀的教师团队；四是注重机制创新，改革传统的教育方式方法，走出了一条独具特色的教育发展路径。

"它山之石，可以攻玉"。狮山教育应该走怎样的一条特色发展路径？我该怎样着眼全局、着眼未来，规划好狮山教育的"顶层设计"？

毫无疑问，从镇域教育的全局出发，面对亟待解决的教育难题，狮山教育的当务之急，是明确目标定位、创新管理机制、推进教育均衡、提升师资水平，构建良好的镇域教育生态。"做什么"很清楚，不过，"怎么做"更重要。我始终认为，要做好教育工作，千万不能"眉毛胡子一把抓"，而是一定要找好工作的突破口和着力点，牵一发而动全身。

这就是我经过一段时间的学习、思考、观察和实践以后，明确提出"学研行"组织建设理念的重要原因。

从上述两个国内外的区域教育改革典范可以看出，他们成功的关键，除了抓住教育发展的一些核心要素外，还有很重要的一点就是——无论是学习共同体建设也好，"高效课堂"理念方法也好，都是注重运用科学的方法指导，从而使改革收到事半功倍的效果。

我想，要培育"岭南教育名镇"，光有理想是不够的，还要有正确的方法路径。如果把"岭南教育名镇"比作是一座高峰，那么想攀上这座高峰，一定要有坚实的"脚手架"。

这个"脚手架"就是我基于自己多年的管理实践认知，不断创新、不断升华提炼出的"学研行"组织理念。

从在九江中学开展班主任团队研修开始，我便较早地接受了"学习型组织"建设理念的影响，把彼得·圣吉提出的"自我超越、改善心智模式、建立共同愿景、团体学习、系统思考"等方法运用于教师团队建设，并基于学校教育的特点，提出了"学习·研究型"团队建设的校本化理念并付诸实践。

来到狮山镇以后，在深入学校调研的过程中，我深切地感受到，提升校长和教师的教育理念，是变革狮山教育的关键。身为新时代的教育者，必须要有学习、研究的意识和能力，因此，我仍一以贯之地倡导"学习·研究型"团队建设。

面对新的管理情境，我的观念逐渐有了发展变化，一个区域的教育发展，问题更错综复杂、管理层级更多元，要提升管理效能，光强调学习、研究还不够，必须做到"知行合一"、即知即行，积极地在行动上有所改变。我的这一想法得到许多校长的支持，我也吸纳了他们的许多建议，最终形成了我对"学研行"组织理念的系统理解。

那么，到底什么是"学研行"组织理念呢？

作为一种管理创新方式，"学研行"倡导的是：学习最先进的教育教学管理理念和最前沿的教育思想，研究日常教育教学中遇到的问题，在教育教学和学校管理中推进研究行动，把研究成果付诸行动。简言之，就是"以行定研，以研定学，以学促行"，学、研、行二位一体，提升校长和教师自主发展的学习力、研究力、行动力。

为什么要提出"学研行"组织理念呢？

除了基于我个人长期的实践和思考，背后也有我对当前教育问题的观察和认知。在我看来，许多教育中的"顽疾"，根本症结就在于我们习惯于凭经验办事，缺少学习、研究，没有专业性理论的支撑，更缺少行动的勇气与智慧，知行脱节、知而不行。因此，"学研行"的提出，就是希望在教育管理、学校管理和教师发展等环节，激发改革活力，焕发教育生命自觉。

几年来，我们坚定地以"学研行"组织建设为抓手，从观念到行动，一点一点地改变着狮山教育的面貌与内涵。

万事开头难！我们就从教育行政机关开始，率先做出榜样，让镇教育局变成一个"学研行"组织。教育局领导身先士卒，做"学研行"的领头雁。我们改革例会制度，每周一召开"学研行"晨会，除了常规工作安排外，每周一个主题，由一位同志作为主讲嘉宾，带领大家开展团队学习。同时，改革全镇教研机制，要求以教研员为首，以骨干教师为核心成员，构建全镇各个学科的"学研行"组织。相应地，各学校也遵循"学研行"组织理念，构建"学研行"校级领导组、年级组、科组和备课组。

如今看来，狮山镇的"学研行"组织建设，最有力的"一招"就是抓住了校长这一支关键队伍，培育了一批有理想、有智慧、想干事、能干事的优秀校长。

正所谓，"一位好校长就是一所好学校"。校长有理想，老师就有理想；校长喜欢学习、善于研究、注重行动，老师也会如此。为此，我们为校长搭建专业平台，举办"学研行"特色的校长论坛。

第一次"学研行"校长论坛，至今让许多狮山教育人印象深刻。那是2018年1月，镇教育局邀请5位校长，登台分享自己的专题研究心得。与以往传统的校长总结大会不同，我们为论坛设计了特殊的活动流程。先征集论坛分享主题，再由校长们抽签发言，随机邀请听众发表评论，然后对校长们的分享进行评判和总结。

这一创新活动形式，对校长们的实践与理念都是一次真正的考验。当天的论坛上，5位狮山校长也各展其能，各有各的精彩。杨瑞珍校长讲述了自己通过校本研修，促进教师专业发展的实践。梁世安校长从理念、管理、文化、团队科研等方面分享了创建品牌学校的历程。像这样的分享，校长们没有套话，讲的都是干货，听众也十分投入，整个论坛可谓是"真学、真研、真行"，成为一场难得的思想盛宴。

论坛结束后，台下的校长和老师们纷纷点赞。

像这样的特色校长论坛，我们每学期都会举办。慢慢地，校长们构成了一个共研共生的"学研行"组织。因为要互相学习，每位分享者都会竭尽所能；分享后要做案例研究，促使他们找准切入点，深入思考；同时，因为是面对同行分享，又激励他们拿出最佳的行动方案。时间长了，校长们的领导力提升了，管理自信增长了。一个小小的论坛，撬动了整个狮山的校长队伍。

就这样，以"学研行"组织建设为突破口，各个学校营造了善于学习、乐于研究、勇于行动的良好氛围，激发师生发展的内在驱动力，积极探索镇域教师的成长路径，从而点亮教师、点亮学生、点亮校园。

可想而知，有了这样一批勤学善思、领导能力出众的校长，狮山镇的学校就整个被激活了，几年来真正实现了"一校一特一品"，以特色建设项目提升内涵，进而探索教育特色上升为教育品牌的路径。无论是美育、体育，还是科技教育、创客教育、全民阅读，都各具特色，各有亮点，为狮山教育增添了一道又一道亮丽的风景。

截至目前，我们可以自豪地说，在培育"岭南教育名镇"的理想征程上，狮山教育人在第一阶段递交了一份令人满意的答卷。

过去几年，狮山镇每年都有校长和教师获得镇级以上奖励，其中国家级、省级奖励上千人次。有一大批教师在国家级、省级优质课评比、教学能力大赛中获得一等奖。还有许贤苏、蔡阳合、巫洪金等一批狮山镇校长入围"中国好校长"评比……

与教师同步成长，狮山镇学子也真正实现了"五育并举"，各方面都取得了骄人的成绩。每年中考，总有多名学子因进入佛山市中考前20名而成为"屏蔽生"，更有一大批学生中考成绩在南海区名列前茅，每年中考的优生增长率接近30%。此外，学生们在体、音、美各项国内国际赛事中也全面开花，先后夺得中国教育电视台节目评比金奖、全国健美操大赛的特等奖和第一名、世界大众体操挑战赛第一名、全国科技创新大赛广东团体一等奖、广东省才艺展示大赛金奖……

近年来，以"学研行"组织建设为特色的狮山教育改革经验备受关注，先后被《教育家》杂志、《中国教师报》和《珠江日报》等媒体追踪报道，这是对狮山教育人莫大的精神鼓励。

制定镇域教育规划，点亮狮山美好未来

2020年9月10日，全国第36个教师节，对狮山教育来说，也是一个值得铭记的历史性时刻。

这一天，狮山镇在大圃初级中学举行主题为"和美博爱，点亮未来"的教师节表彰大会。除了一年一度的表彰先进，这次大会的一个核心议题，就是发布《狮山镇新时代品牌教育创新发展五年规划纲要》（以下简称《规划纲要》）。在全场热烈的掌声中，我走到台前，满怀激动地从狮山镇镇长黄伟明手中接过一份沉甸甸的《规划纲要》蓝皮书。

就在这次大会前夕，同样具有纪念意义的，是顺应机构改革精神，狮山镇教育局正式更名为狮山镇教育发展中心，我也被任命为镇教育发展中心主任。这意味着，我将肩负新的使命，继续引领狮山教育未来几年的改革发展。

《规划纲要》可以说是狮山教育未来发展的任务书、时间表、路线图。据专家介绍，这样一份镇级教育发展《规划纲要》，在全国可谓是具有首创意义。

为什么要制订《规划纲要》？为什么要聚焦品牌教育创新发

展？《规划纲要》又寄寓着狮山教育人怎样的理想追求？

教育发展，规划先行。这可以说是国内外教育发展的共性规律，也是落实党的十九大提出的建设教育强国、深化教育改革、加快建设教育现代化的必然要求。

重视教育发展的科学性和计划性，一直是我国教育管理的一大特点。面对2035年基本实现社会主义现代化这一重要时间节点，中共中央、国务院发布了《中国教育现代化2035》，提出了极具前瞻性的教育发展宏伟目标，即到2035年，总体实现教育现代化，迈入教育强国行列，推动我国成为学习大国、人力资源强国和人才强国，为到本世纪中叶建成富强民主文明和谐美丽的社会主义现代化强国奠定坚实基础。

作为基层教育工作者，如何领会并落实国家的教育发展目标，将它因地制宜地、创造性地变成区域的教育目标愿景，毫无疑问是重要职责和使命之一。

特别是南海区也已率先响应发布了《南海区品牌教育创新行动计划（2018—2020）》，提出要用3～5年时间，打造在全市乃至全省具有影响力的教育品牌，争当全省教育体制机制改革先行区、全省加快教育现代化示范区、建设南方教育高地的排头兵，让南海区教育从"品质"走向"品牌"。

狮山镇，作为南海区乃至粤港澳大湾区举足轻重的产业重镇、教育大镇，如何及时作出回应？

于我而言，5年前提出培育"岭南教育名镇"，一直在酝酿的一项教育重头戏，就是做好狮山教育的顶层设计，适时编制镇域教育发展规划。常言道，"无规矩不成方圆"。"岭南教育名镇"的提出，不能只是一个标签或挂在嘴边的漂亮口号，而是必须落实在下一步的教育行动中，有明确的实现路径和时间安排，有可行的改革措施和教育策略，同时还要对它的文化内涵和精神价值作出明确的界定。这样说来，制订一份镇域教育发展规划是势在必行的事。

可是，从一个镇的角度如何制订一份科学的规划，应该如何承上启下，抓住哪些关键因素，解决什么问题？说实话，我面对的是前无古人、后有追兵，而现无可鉴的一个境况。

不会做不要紧，我们可以向专家学习请教，可以调查研究，发现问题；也可以集思广益、凝聚智慧。从2018年起，在我的倡议下，由镇政府牵头，我们组建了一支力量强大的教育调研团队，对狮山镇的教育现状展开全面细致的"摸底"。

这场大规模的调研，前后历时近两年。一方面，由狮山镇委书记、镇长领衔，率领镇教育行政部门的同志分批分次，深入全镇147所中小学和幼儿园，开座谈会、走访调查、观摩课堂，了解教育现状，听取校长、师生、家长的愿望和设想；另一方面，通过线上微信公众号和线下设点，广泛听取群众意见和建议。

对调研情况进行统筹分析后发现，近年来狮山教育确实发展较快，成效显著。具体表现在：

一、教育规模快速增长。全镇中小学及幼儿园在校（园）生规模由2015年的77 979人增加至2019年的117 991人，中小学校及幼儿园的学生人数均居南海区各镇之首。

二、教育投入持续加大。狮山镇财政性教育经费投入从2015年的5.73亿元增加至2019年的17.43亿元，增长率达204.2%。

三、惠民教育不断完善。学前教育公益普惠发展，义务教育优质均衡发展。教育公平实现新突破，免费义务教育实现全覆盖，财政拨款标准逐年提高。

四、教育民生开创新局面。近五年来，狮山镇政府财政投入和引入社会资金21亿多元，新建、扩建公办中小学校25所，新建民办实验学校4所，增加义务教育阶段中小学学位30 615个。

但不可否认的是，对标教育先进地区，着眼于狮山镇未来的发展定位，狮山教育仍存在一些亟须解决的问题，主要表现为：首先，面对每年新增近万入学人口，狮山镇学位紧缺的情况依然存在，考虑到狮山镇产业带来的"人口集聚"效应，狮山教育必须未雨绸缪，在学校建设方面做好布局；其次，满足家长接受更好教育需求，必须尽快解决好校际发展不均衡问题，在硬件配置、教育研修、特色建设等方面提供强力支撑，推动狮山教育实现高位、优质、均衡发展；再次，展望未来狮山镇产业发展，急需的大批创新型人才和更多高素养劳动者的培养，教育也应超前谋划，在智慧教育、创客教育、国际理解教育等方面有引领性探索；最后，作为教育发展第一资源，教师队伍建设亟待加强。现有师资老龄化、职业倦怠、青年教师成长乏力等问题，都需要构建教师专业发展的新机制。

一句话，未来狮山教育的发展，既有自身的较好积淀和优势基础，也面临许多新情况、新问题，机遇与挑战并存。

随着调研的推进，狮山镇教育发展中心适时成立了以发展中心领导班子为主要成员的《规划纲要》制订团队，明确了分工，理清了思路，要以创新思维，将"理性与理想相结合"，从理想、方向、路径、方法等方面规划狮山教育未来的发展。在《规划纲要》

撰写的过程中，我们也多次召开专家、校长和教师会议，就一些关键问题集思广益。《规划纲要（草案）》完成后，我们又进行了多场主题研讨，反复推敲，几易其稿。

特别是狮山镇有两所学校加入了全国"新基础教育"实验项目。因为这个缘故，华东师范大学的李政涛教授、卜玉华教授等专家经常来狮山镇进行课题指导。我们也抓住契机及时请教，并聘请李政涛教授担任狮山镇教育专家顾问，他们也对狮山镇教育的《规划纲要》制订提出了高屋建瓴的意见。

《规划纲要》定稿前，我们又请狮山教育的另外两位指导专家——广州第二师范学院李季教授和《中国教师报》全媒体运营中心白宏太主任进行审读。两位专家逐字逐句地审核了《规划纲要》全文，提出了两三百处细节性修改意见。

因此，《规划纲要》一出台，就受到各方的一致好评，称赞这是一份体现了理想性、科学性、专业性的高水平的规划纲要。

在《规划纲要》的发布会上，黄伟明镇长勉励我们要立足狮山、对标先进，努力使全镇教育综合实力、整体竞争力和区域影响力达到珠三角地区教育先进水平，把狮山镇建设成以"和美博爱，点亮未来"为标识的"岭南教育名镇"和"粤港澳大湾区教育明珠"。

"这是一份有大格局、大视野、大气度的《规划纲要》，融合了世界眼光、国家视野和本土立场。"李政涛教授看到这份《规划纲要》后，也不吝赞赏。在他看来，《规划纲要》具有三个特点：鲜明的问题导向、强烈的创新意识和求真务实的科学态度。

能得到这样高的评价，我们备受鼓舞。的确，《规划纲要》既寄寓着狮山教育人的智慧与心血，也寄托着我们对狮山教育美好愿景的期待。

《规划纲要》的一大亮点，就是着眼于践行，将狮山教育的未来发展落实为"十大重点项目"。项目包括：构建以"学研行"为标志的教育管理新机制；践行"全员、全科、全程育人"的新型育人模式；深化以本土文化特色为内涵的教育品牌建设；推进国际理解教育为基础的教育对外交流合作；打造创客教育、大数据中心为抓手的狮山镇"智慧教育"；等等。正如李政涛教授所言，这些重点项目把"世界、中国和狮山镇连在一起，走出了一条创新发展之路"。

我们在《规划纲要》的最后，附上了一张"重点项目内容分解一览表"，每一个重点项目都明确具体要求、牵头部门、配合部门和完成时间，并强调"常态落实，一以贯之"。

用理念引领实践，为教育注入理想

多年前我看过这样一个小故事：

在一个建筑工地上，有三个工人正在砌墙。有人走过来问他们："你们在做什么？"

第一个工人悻悻地说："没看到吗？我在砌墙。"

第二个工人认真地回答："我在建大楼。"

第三个工人快乐地回应："我在建一座美丽的城市。"

十年以后，第一个工人还在砌墙，第二个工人成了建筑工地的管理者，第三个工人则成了这个城市的领导者。

故事很短小，却讲出了一个做人做事的深刻哲理：思想有多远，我们就能走多远。在同一条起跑线上，态度决定一切；用美好的心情感悟生活，你手头的小工作其实正是大事业的开始。能否意识到这一点，意味着你能否做成一项大事业。

但我想，故事背后的道理还不止于此。每个人的职业与岗位不同，从事的工作有大有小，但不管身处什么位置，都要对自己所做的事情有清楚的价值认知，并用这份价值认知作为事业发展的指引。因为我们的人生所能达到的高度，恰恰是取决于你的价值认知。

同样是极其平凡的班主任岗位，魏书生、任小艾、李镇西将这份工作做得精彩至极，成长为名家大师；但有的老师做了一辈子班主任，却庸庸碌碌、无所成就。

这其中的区别，恐怕就像三位砌墙的工人一样，取决于他们对同一件事的价值认知吧。因此，人们常说，做事情既要"脚踏实地"，更要"仰望星空"。

在编制狮山镇教育《规划纲要》的时候，我提出一个要求，一定要凝练出狮山镇的教育理念，用理念来统领整个《规划纲要》，也引领今后五年的教育实践。对此，有人不理解："一个镇还要什么教育理念？把要做的事规划清楚就行了，弄这玩意儿有啥用！"

但我的观点恰恰相反，《规划纲要》不能没有自己的教育理念，如果理念不清楚，最终事情也很难做好。

经过多轮研讨、智慧碰撞，我们最终把"和美博爱，点亮未来"作为狮山教育的核心理念，并写进《规划纲要》里。

如何理解这个核心理念？又如何在《规划纲要》中体现？

所谓"和美"，是一种理想的状态，有两重含义：一方面，是指在狮山镇经济社会发展中营造和谐、美好的教育生态与人文生态，在教育内部营造和谐的人际关系，追求描红的教育理想；另一方面，启示教育者要和谐办学、立美育人，追求人与人的和谐、人与知识的和谐、人与自身的和谐、人与社会的和谐以及人与自然的和谐，同时以审美教育、情操教育和心灵教育陶冶人的情操，激励人的精神，温润人的心灵。

"博爱"则是一语双关。表面上指狮山镇有美丽的博爱湖，实则寄寓着狮山镇人对美好生活的向往。作为教育特质的"博爱"，则是希望狮山镇学子学识渊博、充满爱心，希望我们培养出来的学生既博学、博艺、博能，又有爱心、爱生活、能奉献，更是希望我们的教师和家长也能以友爱、关爱、真爱、大爱的精神和情怀，对待每一个学生的成长。

而"点亮未来"是从我一贯主张的"点亮教育"理念出发，希望通过教育者和受教育者之间的唤醒、点燃、激发、鼓舞，实现"相互点亮"，进而点亮学生未来的成长之路、成才之路、事业之路、幸福之路，也让狮山教育在"点亮"中打造新的教育品牌特色。

这是我们对"和美博爱，点亮未来"的基本理解，这也是我们对"岭南教育名镇"精神内涵解读，是狮山教育要仰望的

"星空"。

在《规划纲要》里,我们确立了一系列实现品牌教育创新的着力点,包括"树本教育""学研行"、智慧教育、特色教育、教育交流合作等。在这些教育创新行动背后,我们要追求和实现的教育价值,无疑应该是"和美博爱,点亮未来"的理念。

对教育理念如此重视,是因为我一直相信,决定一个国家、一个区域或一所学校发展高度的,不是它的物质条件或硬件水平,一定是其文化理念。

本世纪之初,美国政府面对当时存在的教育不公平现象,推出了教育改革方案,喊出了"不让一个孩子掉队"的口号,高扬教育理想主义的旗帜,深刻地影响了美国基础教育的发展。

这些年来,我国在教育政策制定和教育改革发展上,也越来越注重理想或信念的引领。2014年,习近平总书记在给"国培计划"北京师范大学贵州研修班教师的回信中,充满深情地用诗意的语言畅谈他的教育梦:"要让每一个孩子充分享受到充满生机的教育,让每一个孩子带着梦想飞得更高更远,让更多的孩子走出大山、共享人生出彩的机会。"

一个国家如此,一所学校更是如此。当年在九江中学,正是

"点亮教育"理念的提出，使这所位置偏远、生源一般的学校找到了独特的发展路径，成为省内外有影响力的特色名校，也实现了教育质量在低谷中"逆袭"的奇迹，更是在区教育局的财政资金竞争性分配中脱颖而出，勇夺第一名。

同样，狮山镇树本小学的发展路径，也充分说明，教育理念的确立如何改变一所学校的精神气质。

狮山镇树本小学原名狮山第一小学，多年前是一所城乡结合部的薄弱学校，学生多为外来务工子弟，教育质量低下，教师教育观念陈旧。时任校长巫洪金想推行课改，教师们的改革意愿却很低。

面对困境，巫洪金苦苦寻觅着学校变革的契机。有一天，他无意中发现学校旁边的小巷里，居然藏着一座有120多年历史的树本善堂，突然间，他找到了变革教育的灵感。

巫洪金了解到，这座树本善堂原是当地乡民自发成立的一个扶贫助弱、捐资兴学、造福乡梓的慈善机构，甚至连狮山镇第一小学当年都是树本善堂捐建的。了解到这一段历史，巫洪金仿佛发现了一座文化宝藏，从中看到了教育意义。"'树本善堂'这个名字起得好，我要把它变成独特的学校教育资源。"他说。

围绕"树本"二字，巫洪金提出，要在狮山镇第一小学打造

"树本教育"。他为学校拟定了树本宣言、树本之歌，组织编撰了《树本教育》的校本读物，并不断从树本善堂找到教育的启示，在学校开设"树本讲坛"，倡导师生"日行一善"……就这样，通过"树本教育"，他慢慢地改变了教师们的观念，学校的风气也有了极大改善。

后来，"树本教育"的影响力越来越大，学校被改名为"树本小学"，相关特色实践在南海区教育局财政资金竞争性分配中获三等奖，同时，"树本精神"也被推而广之，作为狮山镇的教育精神之一。

一个特色教育理念，让一所学校回归育人的本原，激发了学校的办学活力，让学校实现了从薄弱学校向特色品牌学校的转变。

如今，作为狮山镇的十大重点项目之一，深化区域文化特色，提升教育品牌的文化价值被写进狮山镇教育的《规划纲要》里。我们的初衷就是希望把"树本小塘""尚学大圃""明德官窑""孝德罗村"等具有狮山镇本土特色的教育文化资源，融入教育特色建设的内涵中，丰富狮山镇的教育特色，进而生成一批学校特色品牌名片，引导各学校通过特色建设项目，开发品牌校本课程，营造亮点，提升内涵，凸显教育品牌的文化价值。

现在，在狮山镇，已经有不少校长开始重视学校的精神文化建设、开发校本教育资源、提炼个性化的学校理念等。

"这样的大环境启示我们，学校管理既要注重精神引领，又要脚踏实地。"狮山镇颜峰小学校长黄瑞莊深有感触。"办好一所学校，也应通过文化铸魂，赋予工作更大的价值。"

2020年5月，黄瑞莊来到颜峰小学任校长。上任头三个月，黄瑞莊静静观察，潜心寻找工作的切入口。经过深入调研，黄瑞莊决定从提炼办学文化入手。

颜峰小学地处大圃片区的颜峰村，这里曾是800年前南宋宰相叶正简的居住地，叶正简25岁考中进士，被委任为南海县主簿，他的七个儿子也都先后考中进士，一门八进士的佳话至今流传。在颜峰村还保留着叶氏祠堂，崇文重教的风习也流传至今。因为这一段历史，"尚学大圃"就成为这一片区颇为自豪的一张教育名片。

有着68年历史的颜峰小学，就坐落在这样民风淳朴的社区，新建校舍也是典雅的岭南书院风格。借助这样丰富的地域文化资源，黄瑞莊与教师们充分沟通后，提出了"乐以开颜，学以登峰"的办学理念。原本就是语文教学名师的她，抓住"乐学"二字，引领青年教师读书，进而开展师生共读、亲子共读，从校园到家庭、社区，营造了浓郁的书香氛围。

我也期待着，有更多狮山镇校长能够具备这样的文化自觉，把学校文化理念的建设当成头等大事，用文化理念引领学校发展。

2021年，作为名校长的巫洪金被赋予了一项新的使命——狮山镇将成立学校文化建设的工作室，由巫洪金担任主持人。目的是帮助更多学校校长梳理教育理念与办学文化，启示校长们注重理念引领，提炼自己的办学价值，打造一批有独特理念和风格特色的好学校。

变愿景为行动，让每个生命活起来

2020年11月初，全镇中小学发展规划专题推进会在罗村实验小学召开，与会的都是各学校校长、名师工作室主持人。

《规划纲要》发布后，如何予以细化落实就成了重中之重。这些校长和名师无疑是落实规划的主力军。

小塘中心小学校长朱燕敏对于如何落实《规划纲要》提出了四点建议：让规划"从接受式变为研讨式""从个人意愿变为共同愿

景""从被动植入变为主动参与""从一人成长变为相互点亮"。

狮山镇"名校长工作室"主持人谢彦兴虽然调往罗村第二中学任校长才两个多月,但他已经对学校发展有了新设想。对于如何落实《规划纲要》,他谈了在学校构建"自信教育"的系统设想:基于学生核心素养,培育自信课程特色;深化课堂教学改革,打造"自信互助"特色课堂;创新教研活动,扎实推进"学研行"备课组建设;激活学生自信力量,构建自信德育育人体系……

语文名师工作室主持人黄瑞莊被提拔到校长岗位上,身兼双重职能的她提出要构建教师"抱团发展共生体"等新机制,营造浓厚的教学研究氛围;大力加强学校科组建设,改变科组教研观念,把"学研行"组织建在科组、建在备课组上。

对于大家的建议和设想,我逐一认真记录下来,内心满是感动。几年来,这样一批校长和名师迅速成长起来,学习力、研究力和行动力越来越强,已成为狮山教育未来发展的中坚力量,他们的思想理念和实践智慧常常让我为之惊叹。

会议总结时,我有感而发:"落实发展《规划纲要》,关键是让每个生命都'活'起来。《规划纲要》中的每一个项目,最终肯定都落实在'人'身上,跟人的生命发展、价值增值相联系,要让每个人都找到成长的自信，充分地发展他们的个性、天赋和才能。"

是的，必须要让每个狮山教育人都活起来、动起来，把《规划纲要》中的教育愿景，变成他们自觉的、愉悦的行动。

从2020年秋季学期开始，镇教育发展中心每周一的"学研行"晨会，《规划纲要》的落实都是重要议题。我们将《规划纲要》进行任务分解，成立了党建、教育教学、教师队伍建设、德育、学前教育、后勤、督导等7个小组，由不同领导和部门负责，拟定各自的规划实施方案，然后逐一在晨会上讨论审定。

一个组织的学习文化需要坚持，一份教育的理想也需要在这样如琢如磨中变成组织的共同价值观。

2021年1月，我们再次邀请狮山镇教育顾问、华东师范大学李政涛教授来到狮山镇，举行了一次落实《规划纲要》的问诊会。各个小组分别向李教授汇报了规划实施方案的进展情况，请他给予指导。

听完大家的汇报，李政涛教授给予充分肯定，认为狮山镇在规划实施方案的制订上"有行动依据，有优势分析，有问题意识，有创新意识"，是真落实、真行动。同时，对于如何科学落实《规划纲要》，他进一步提出了指导建议。在他看来，作为一份有理想性、前瞻性的《规划纲要》，在规划落实上必须要有更高要求，要有潜势分析、难点分析，还要有突破方向、融通思维、品牌意识，尤其是要有发展标杆参照，找到"比学赶帮超"的对象。

这些中肯又务实的建议，让大家有豁然开朗之感。"我们要积极主动对标先进地区，树立争先赶超的竞争意识。"狮山镇党委委员关钧宜满怀激情地说，"希望在座的校长、教研员要集思广益，完善各类行动计划，在将来有更精彩的表现。"

在此基础上，我提出要求，狮山镇的每一所学校和幼儿园都要制订自己的发展规划。经过近一个学期时间，几十份学校和幼儿园的《发展规划》摆上了我的案头。

翻看着这些学校的《发展规划》，我感受到校长和教师们对这件事的重视，他们积极主动地设计学校未来的发展，规划的字里行间充满着对美好明天的憧憬。

而尤为让我赞赏的，是桃园中学的《发展规划》。这份规划从学校形势分析、办学思路、办学理念，到发展目标、主要项目、达成标志等，洋洋洒洒近两万字，而且条分缕析、部署合理，每一项工作都细致地规定了项目内容、责任部门、工作责任、达成标志，时间表和任务书都清晰明了。

说实话，对桃园中学的发展，我是有担忧的。因为在上学期，按照狮山镇校长交流轮岗的部署，桃园中学原任校长谢彦兴调到罗村第二中学当校长，由原大圃中学校长宋量森接任桃园中学初中部校长。他们俩都是名校长，在原来的学校都干得很出色。但是，来到新的学校会不会"水土不服"？学校原有的特色和优势能否继续保持？

看了桃园中学的《发展规划》，我的担心基本上消除了。这份规划的主题是"创新美乐品牌，追求卓越桃中"。"美乐教育"是谢彦兴在桃园初中提出的办学理念，围绕这一理念，学校的乐学课堂、美育、环境文化、精神文化都做得很有特色。这份《发展规划》不仅对"美乐教育"进行了很好的分析、梳理，还客观分析了学校存在的问题与挑战。展望未来，学校提出了对标佛山市两所优质学校——高明区沧江中学和惠景中学，打造示范性特色品牌学校，构建"美乐教育"新样态的发展目标。

从桃园中学的《发展规划》中，我看到的是学校对办学传统的继承与创新，也看到他们对办学规律的尊重，更看到了学校管理者的胸怀与智慧。有了这些思考，我想学校一定会越办越好，实现新的发展愿景。

另外，谢彦兴来到罗村第二中学后也很快适应了新的办学环境，没有照搬自己过去的办学经验，而是基于校情，与教师们经过研讨，提出了构建"自信教育"的顶层设计，打开了办学新局面，给学校发展带来新的生机与活力。

可见，狮山教育正是有了这样一批有见识、有追求、有胸怀的学校管理者，才真的称得上是一座有教育理想的城镇，这份理想才有了落地和实现的可能。

近一年来，狮山镇教育发展中心规划的十大重点项目也在顺利推进，在各所学校得到积极响应。虽然是全镇的"规定动作"，但校长和教师们也充分发挥了创造性，"各美其美，美美与共"，呈现出不同的特色。

在创建品牌学校项目中，阅读是我尤为注重的一项长效工程。我在全镇倡导"读写共生"，在校园内创建特色阅读，开展"阅读＋写作"环境资源建设。每所学校成立文学社、师生写作团，通过读写结合树立阅读意识；打造重点示范领航学校，定期组织"亲子读书节"活动，让校园飘满书香、墨香，带动家庭、辐射社会，实现全程、全员、全方位的育人生态。在硬件配备上，要求学校完善校内阅读环境，改善图书馆，设立"读书角""读书宣传栏""图书漂流书柜"；并与社会公共图书馆联动，推动社区阅读、亲子共读。

寒假后开学第一天，联和吴汉小学校长蔡阳合为每个学生都准备了一份特殊的"成长利是"。开年送"利是"（红包）是广东的习惯。听到有"利是"，学生们都翘首期盼，难掩脸上的喜悦之情。

"哇！"拆开红色的利是封，学生们都发出惊叹。里面不是压岁钱，而是学校自主设计研发的"阅读存折"。

为激发阅读热情，学校通过阅读存折，让学生累计阅读时间，以学生自读、亲子共读、家校共读等多种阅读方式，争当"创生阅读小达人"。不仅如此，蔡阳合还为每名教师准备了一封"成长利是"，是一张选书卡。他说："学生要成长，教师也要成长。只有师生共读，才能共同成长。"

拆开"成长利是"，胡泳行老师开心地说："这个'成长利是'很有用，不用跑图书馆，就能得到自己喜欢的书了。"

彭其琦老师说："这是我收到过最独特的'利是'，联和吴汉小学真是一所宝藏学校，在学校的'创生教育'理念指引下，我们的专业发展道路一定能越走越明朗。"

在这样浓郁的读书氛围下，热爱读书的教师找到了知音，有了更多用武之地。联和吴汉小学的杨年辉老师，多年来研究"读写共生"相关课题，通过儿童诗歌的欣赏与创作，唤醒学生发展自觉。他把自己的诗歌教育理念和方法写成了《童诗教学十八讲》一书，与学校诗歌教学课题组成员一起，设计了18个童诗教学教案。目前《童诗教学十八讲》即将在吉林出版社出版，联和吴汉小学也被中国儿童文学研究会诗歌教育委员会评为"诗歌教育实验基地学校"。

在"读写共生"的影响下，联和吴汉小学聚集了一批有兴趣研究儿童诗歌教学和写作的教师，他们写诗、赏诗，用诗歌记录教育生活，通过学校微信公众号推送师生的诗歌作品，有一批班级即将出版班级诗歌集，整个校园充满诗意。

呈现出良好发展势头的，还有以STEM教育、创客教育等为特色的狮山"智慧教育"。

现代产业是狮山镇的立镇之本，全镇企业总数达5000多家，其中世界500强企业20多家。狮山镇产业经济发展所需的大量创新型高素质人才从哪里来？全面推进创新创客教育，培育创新型高素质人才，为狮山镇智能制造和抢占粤港澳大湾区建设先机已是当务之急。

为此，在狮山镇《规划纲要》中提出，大力开展创新创客教育，用创新思维办教育，培养学生的工匠精神，提升学生创新思维和创新能力。我们以创客教育为切入点，进一步优化STEM教育和创客教育模式，坚持推进创客教育"四个一"工程：即力争实现每所学校有"一位创客指导教师、一门创客校本课程、一间创客实验室、一批创客社团"。政府对创客教育倾斜投入，镇教育发展中心创建"创客教育指导中心"，积极参加或举办"青少年科技创新大赛""科技创新教育培训"，擦亮若干个科技创新项目，打造若干所创客教育示范学校；每学年度举办"创客节"，评选"创客小达人""科技之星"。

我们还创建了"小中大研"创新教育的师资联盟，与华南师范大学、佛山科学技术学院等南海大学城高校智库合作，联合广东工业大学等5个国家级创新孵化器、广东3D打印应用创新中心等5个国家级众创空间，引进高学历的创客师资，提升中小学创新创客教育的竞争实力。

以松岗中心小学为例，该校利用岭南的乡土文化和校外教育资源，将中草药种植和中医药文化传承引进校园，开创了以"本草教育"为载体的小学STEM教育新模式。

说起该校"本草园"的来历，也是一项令人赞叹的创意。在学校门口有一块常年的荒地，原本属于附近的村庄，因无法作他用而杂草丛生，既影响学生安全，也有碍校外美观。经过协商，由学校出资，教师和家长们通力合作对荒地进行改造，清杂物、除杂草、铺水泥路、修排水沟，最终建成了一块种植园。

没想到，种植园成了教师、学生和家长最喜欢的地方。经过师生们头脑风暴，学校决定在这里种上各种中药材，命名为"本草园"。从此，师生们在这里播种、拔草、浇水、除虫、施肥……

以"本草园"为实践基地，学校开发了富有传统文化色彩的"本草课程"，以自然科学、综合实践活动课为核心，统整相关学科课程、德育活动、研学活动，以实现相互补充、整合、成就的目标。师生们扎根本草园，从一株株中草药落土扎根开始，探索人类认识世界的过往经验，独辟蹊径地把课堂搬进了生活，让学生、教师和家长们在本草园的劳作中，共同探索未知的世界。这种协同探索给了学生们整体感知世界的机会，在大自然中学习，在生活实践中学习融会贯通的知识。

松岗中心小学的"本草教育"被专家称为本土化、原创性的、有"中国味道"的STEM教育，使学校从育人理念、教学形态、课程改革、教师发展等发生着全方位的嬗变，学校也成为中国教科院STEM教育的"种子学校"。

创客教育激发了狮山镇的教育活力，我们抓住契机，制定了《青少年创客基地建设实施方案》，利用南海大学城"学"的优势、"研"的作用和"产"的潜能，打造创客教育试验学校"新样本"，建立了多批中小学青少年创客基地。

在第76届中国教育装备展示会上，狮山镇创客教育向与会的全国各地教育界同仁分享了经验，我们提交的案例《以创客教育点亮学生的创新思维》也获得第二届城市教育装备行政管理部门创新案例一等奖。

"和美博爱，点亮未来"，在全镇教育系统统一理念、统一目标、统一认识、统一行动的前提下，《规划纲要》真正成为狮山教育通往未来的一面旗帜、一份檄文、吹响教育的集结号。随着一个又一个重点项目的落实，一个有情怀、有底蕴、有内涵、有高度的"岭南教育名镇"的理想目标也正在逐步实现。

第三章　撬动教育治理的杠杆

"给我一个支点，我就能撬起地球！"古希腊哲学家、物理学家阿基米德的这句家喻户晓的名言，既是对杠杆原理的一个形象表述，也透着一份激情与豪迈，给我们许多智慧和工作方法的启示。

众所周知，只要有了合适的杠杆，就能用一个最小的力，通过将力作用于杠杆的长臂，让短臂对重物起作用，这样从理论上说，无论多么重的东西都能撬动起来。我们做工作也是这样，看似无比繁难险重的工作，一开始不知道如何下手，实际上，如果能够像杠杆原理找到一个撬动工作的支点，建立起相应的方法机制，就可能四两拨千斤，牵一发而动全身，使艰巨的问题迎刃而解。

来到狮山镇以后，面对教育行政管理的千头万绪，我也在一边观察着、思考着，一边寻找能够有效撬动教育治理的杠杆。

如果说教育行政部门是一个支点，或者说是一个驱动中枢的话，那么，能够改变狮山教育的那根杠杆是什么呢？我想，它至少有两个方面的功能和作用：一方面是能够凝聚狮山教育人的共识，形成共同的教育愿景；另一方面是能够给大家提供一种工作的方法和智慧，找到有效提升工作效能的着力点和突破口。

在观察、思考、调研的过程中，我越来越清楚地坚定了一个想法，就是要改变教育行政管理方式，就必须从学习、研究入手。这也是我从担任学校德育主任开始，就一直坚持的工作方法。十多年前，学习型组织理论在国内刚刚流行，我就第一时间读了彼得·圣吉的《第五项修炼》。这本书对我影响很大，对我认识和理解教育有很大帮助，也对我做好一个教育管理者颇有获益。因此，在学校班主任队伍建设中，我们从团队建设入手，组织青年班主任集体学习、探讨，走上自我成长之路，这些做法又逐渐推广到整个学校的"学习·研究型"团队建设。

面对一个镇域的教育改革发展，我将自己此前的理念和经验进一步发展完善，提出了"学研行"组织建设理念，把教育行政机关作为"学研行"的先行者，率先垂范来带动学校的教师。

在我看来，学习、研究、行动不仅是一个科学工作方法的闭环结构，也是做好教育工作的必由之路。近年来，政府机关、公共组织、现代企业都把学习型组织理论作为组织变革的重要理论，我们的"学研行"组织建设也是尝试推进和改善教育治理的创新。

几年来，"学研行"如何撬动狮山教育行政管理的变革？狮山镇的教育治理体系又发生了哪些显著变化呢？

从今天起，我和大家一起实实在在学起来

在给校长、教师、教育管理者等同行或家长的讲座中，我经常会讲到"知识更新周期"这个问题。

来看看这样一组统计数据：在18世纪，知识更新周期为80至90年；到了19世纪至20世纪初，这一时间则缩短为30年；至20世纪八九十年代，许多学科的知识更新周期缩短为5年；进入21世纪时，许多学科的知识更新周期已经缩短至2到3年。

这意味着什么呢？面对加速度更新的知识，我们必须成为一个具备较强学习能力的人，甚至可以说，在未来社会，只有我们的学习速度超过知识更新速度，才能够更好地生存。

对于教育工作者来说，学习的重要性就更毋庸置言。我们常说，教给学生一碗水，教师要有一桶水。教师要有足够的知识储

备，必须通过学习持续地吸取新知。而作为管理和引领教师的部门，我们当然也不能例外。

自2016年来到狮山镇任教育局局长以来，我就在不同场合多次强调学习的重要性。我说："一个人的起点不重要，他（她）在后期的努力与发展才决定了他（她）的位置。只要热爱学习，不断思考，就一定能自我提升，自我发展。""学习能力就是一个人的核心竞争力。三人行，你我他皆可为师。要虚心学习，善于向周边的人学习。""就算是一个博士生，如果两年不学习，他的知识就会折旧80%以上。"……

这些话我既是说给校长和老师们听，更是说给教育局机关的工作人员听。当然，我自己也是这么做的。

多年来，我努力要求自己做一个爱学习的教育人，保持不断学习的意识和能力。尽管工作很忙，我坚持订购了很多教育类丛书、杂志，注册成为中国知网的会员，保持着开卷有益的习惯。同时也注重向专家学习，不吝浅陋，抓住一切机会结识教育界的名家大师、教授学者，像顾明远、魏书生、任小艾、李政涛、李季……我与他们交友，拜他们为师，学到许多书本以外的智慧，也想方设法邀请他们来狮山传经送宝。

同时，我自认为是一个行动能力较强的人，总是希望即知即行，用学习到的方法、智慧去指导、改善自己的行动。从做班主任、学校德育主任，到任校长、教育局局长，我的许多管理理念和改革思路都是学习所得，而且是学有所得，立即见诸行动。

我们做教育工作的，一定不能不学习，更不能学而不研、学而不行。

但实事求是地说，最初来到狮山镇，我发现也许是做行政工作久了，大家没觉得学习和工作之间有什么必然联系，也很少会通过学习、研究去改善我们的工作方式。

我知道机关的行政工作事务繁杂，很难有系统的、整块的学习时间，但起码能利用碎片化的时间来学习。我不排斥碎片化学习，在互联网时代，各种教育类小视频和推文简洁快速地扑入大众视野，只要是传递正面的信息、与时俱进的教育新资讯，都是应该关注的。为此，我常常在同事工作群里推介一些好视频、好文章，乐于分享，也希望用这样一种举手之劳，激起大家学习的愿望。

可不久后一次偶然的"小调查"，让我意识到这件事绝非如此简单，也让我重新思考定位教育局机关的团队学习问题。

记得有一天，我又在工作群里向同事们推荐了一个很好的视频资料，号召大家点击学习。周一晨会会议的主题正好跟我发的这个视频有些关联，我也想借机谈一些自己的思考，可以和大家有一些共识。没想到，我在会前随机问了几位同事："前两天我转发的视频，你们看了吗？具体内容是什么？有什么感受？"

结果，大部分同事坦言没看。有的说看了一部分或只是读了一下标题，还有人说没注意微信群里的内容。

老实说，我心里很不是滋味，不是觉得大家对我发的信息不重视，而是真切地感受到了大部分人学习意识的薄弱。稍作思忖，我在会上坦诚地表达了观点："各位同仁，我想说些题外话。学习的重要性众所周知，可是在繁杂的工作之余，一个团队要学什么？怎么学？什么时候学？以什么形式来学？这些都需要正确的引领、有力的措施和有效的开展。"

那天，我一边讲一边琢磨。显然，要在狮山教育系统掀起学习之风，不从转变教育行政团队入手是不行的。而要求教育行政人员学习，我自己不带头也是不行的。于是，我在会上立下"军令状"："如果说学习这件事我之前只是提倡，没有落实，那是我的责任。从今天起，我和大家一起实实在在学起来！"

说干就干，这件事不能再犹豫。会后，我和督学陈富瑜一起商量，给大家送书。我们在诸多的学习类书籍中选择了一本《如何构建学习型组织》，集体网购回来，教育局全员人手一本。

我怎么来带头引领大家学习呢？不久后的一次周一晨会，我在会上率先开讲，给大家做了一次培训讲座，题目就叫《将脑袋打开一毫米——狮山镇构建学习·研究型组织培训》。

当然，我做了充分的准备，搜集了相关资料，精心制作了PPT（电子演示文稿）课件。我的讲座就从一个小故事开始：

一家牙膏厂产品优良，多年来深受顾客喜爱，业绩连续10年递增，但到了第11年，业绩却停滞了。到底怎么回事呢？公司召开会议商讨对策。总裁许诺，谁能想出解决问题的办法，一定重奖。

一位年轻的经理站起来递给总裁一张纸条，总裁看后，立刻签了一张10万元的支票作为奖励，兑现承诺。纸条上只写了一句话：将牙膏开口扩大1毫米。

可想而知，尽管牙膏开口只扩大1毫米，但所有消费者每天早晨多挤出的牙膏却相当可观，该公司也因此实现营业额大幅提升。

一个小小的改变，往往会有意想不到的效果。

用这样一个小故事开场，我启示大家：要善于学习新知识、新事物或新创意，哪怕脑袋打开1毫米，也会使我们的工作和生活发生神奇的改变。

由此我提出，要将教育局建设成为"学习·研究型组织"，通过学习查找我们工作中的不足，通过研究找到解决问题的办法。"学习·研究型组织"是我在九江中学实践过的行之有效的办法，我希望狮山镇也能构建起镇域特色的"学习·研究型组织"。

我的讲座不长，但通过小故事说了一个大道理，大家听得饶有兴趣，报以热烈的掌声，看得出有所触动。

把培训讲座引入每周的例会，这也算是一个管理方式的小创新。从此，每周一的晨会，都固定多了一个学习的小板块。我们做了分工安排，镇教育局所有人都领了一项学习任务，每个人事先做好充分准备，深入学习，然后轮流主讲。每次讲完，我们还会随机请其他同事进行点评，或分享听完后的感受。这也是我在九江中学曾用过的"招儿"，督促大家认真听讲，真正学进去，有思考。

这样一来，每周一晨会变得活泼多了，大家轮流开讲，积极互动。围绕学习型组织建设，我们一口气进行了20次讲座分享，真正在局机关把学习的这把火给点燃了，并越烧越旺。

那时候，在中小学校也正如火如荼地开展学习共同体、研究性学习等活动，目的是要倡导学生自主学习、跨学科学习以及知识应用型的学习，从而让学生会学习、会思考，培养问题意识和创新精神。

这和我们倡导的"学习·研究型组织"有异曲同工之妙。作为教育管理者，我们也不能完全凭经验去工作，要通过学习为自己的工作找到方法支撑，找到改进的契机与空间，找到做好工作的方向。这是我在狮山镇教育局推进"学习·研究型组织"之初就想到的。

我也很注重让大家走出去学习，凡有培训学习的机会都大力支持，但我的支持是有条件的，外出培训回来，必须在晨会上和同事们进行交流汇报。

还记得2017年12月，教育局组织了部分学校副校长前往厦门，参加全国中小学核心素养下的教学变革与名师成长高级研修班，由教育局同事带队。培训回来，由吴珍老师代表他们做汇报。

那天，吴老师的介绍不可谓不详细，听了哪些专家的报告、观摩了哪些名师的课堂教学、接触了当地哪些教育名师名家、整个活动过程中有哪些精彩细节和参观体验等，整个汇报资料丰富、图文并茂、普通话标准、表达优美，她一讲完，大家纷纷鼓掌，一致好评。

可是我听下来，总觉得有点不对劲，想了一想，我直言不讳地指出了汇报中存在的问题："我们的学习不能只做'大自然的搬运工'，不能仅停留于一味复制和转述，我们还应深思，哪些经验能为狮山镇所用？如何为培育'岭南教育名镇'做出自己的贡献？我们的学习要有自己的故事，要结合狮山的教育实践。"

"学习离不开研究，我们聆听讲座、阅读专著、学习经验，这一切都是别人的东西。齐白石先生说：'学我者生，似我者死。'若只是单纯模仿，没有研究，我们永远也不可能有真正的提高，更无法点亮自我。"

是的，构建"学习·研究型组织"，就必须将学习与研究结合起来，要研究就必须把自己摆进去，要反思问题，要有研讨和争论，而不是一团和气。在这样一个组织中，要有"搅局者"，要适时激发"鲶鱼效应"。

而我的重要职责，就是要成为这个"搅局者"，或者说是"首席学习官"，营造"和而不同"的学习研究氛围。

可能就从那天起，大家渐渐有了一种意识：学习不是工作之外的额外负担，而是在学习中认识自己，认识我们做的事，思考怎样找到有狮山教育特色的发展路径。

有学习，就要有研究、有反思。后来我又意识到，思考之后更重要的是有行动、有改变。我们的"学研行"组织理念也在这个过程中逐渐明晰和成型。

从学习走向创造，在创造中实现价值

在明确提出"学研行"理念以后，我们每周一的晨会，就称为"学研行晨会"。

这不仅仅是一个名称的改变，在我看来有多重含义：一是从形式上来说，我们的晨会从此将学习研讨这个板块固定下来，先学习，再开会；二是以此启发大家，学习本来就是我们工作的应有方式，学习、研究、行动三者是和谐统一的，所有的工作都应该以学习和研究为前提和基础；三是学习绝不仅仅是个人的事，而是一个团队的事，只有团队成员一起学习研讨，才能提升整个组织的学习力，让团队真正成为一个有凝聚力、战斗力的学习型组织。

管理学家罗宾斯曾说过：学习型组织是21世纪最具竞争力的企业发展模式。对企业如此，对任何一个组织来说也是如此。

多年来，在我的书架上一直摆着美国麻省理工学院教授"学习型组织之父"彼得·圣吉的《第五项修炼》。这本书我不知翻了多少遍，做过多少笔记，写过多少心得。许多观点都烂熟于心，我现在仍会时常翻看，而且是常读常新。

《第五项修炼》是一本开拓性的管理思想巨作，被喻为"21世纪管理的圣经"。一些国际知名企业均以"五项修炼"作为操作方法，他们的成功经验有目共睹。彼得·圣吉在这本重要代表作中提出了"学习型组织"这一管理理念，至今深深影响了包括政府、公共部门、第三部门、企业组织等在内的当代行政组织变革，无论东方还是西方，都把他的理论奉为组织变革的圭臬。

所谓"第五项修炼"，实际上就是通过五项修炼来打造有超强学习力的学习型组织，即自我超越、改善心智模式、建立共同愿景、团队学习和系统思考的修炼。在这五项修炼中，最重要的一项是系统思考，即第五项修炼。它的核心是强调以系统思考代替机械思考和静止思考，并通过了解动态复杂性等问题，找出解决问题的高"杠杆解"。是的，学习是一个终身的过程，所有的学习都涉及我们如何与世界交往互动，以及从中能开发什么样的能力。我深知，在工作过程中，遇到的问题总是层出不穷、五花八门的，不可能有一份药方能够应对所有疑难杂症，也不可能有一种技能能够解决所有问题，系统思考是一种需要长期修炼的能力。

从21世纪初开始，国内越来越多的教育者也开始接受学习型组织理念，用于教师团队建设和学校组织变革。如教育界熟知的哈尔滨南马路小学原校长赵翠娟，从20多年前就着力建设学习型学校，在全国率先提出"让读书成为习惯"的校风和"用学习成就自己，用工作成就人生"的学校文化，使学习之风弥漫在学校的各个角落，积淀为师生的自觉行为。结果，这所原本名不见经传的小学校，因为团队读书学习，厚积薄发地成长起来，办学成绩引起各方面关注，全国各地的同行也纷纷效仿南马路小学的办学经验。《人民教育》曾七次介绍南马路小学的办学经验，《中国教育报》多次报道其办学特色，并两次在头版头条进行专题报道。《中小学管理》和《中国教师报》也都用大篇幅报道过南马路小学的办学经验。

从我自己在九江中学的实践体会来说，引领团队学习研修，虽然看似是"慢功夫""笨功夫"，但最终会给教师们提供一个专业成长方式的支撑，让他们更有发展后劲。

因此，在狮山镇教育局，我希望从团队学习开始，先从我们的行政管理团队开始，引领全镇教育系统崇尚学习研究的清流。

在我的倡导下，很快就有一些愿意学习、学习能力比较强的同事积极响应，成为"学研行"组织变革的支持者和先行者。

2018年3月5日的晨会，给大家分享学习心得体会的是镇教育局局长助理、镇教研组负责人徐恩兵。他给大家分享的主题是"学习力"。

什么是"学习力"呢？徐助理介绍了学习力三要素——学习的动力、学习的毅力和学习的能力。他引述了复旦大学原校长杨福家教授的观点：今天的大学生从大学毕业刚走出校门的那一天起，他（她）四年来所学的知识已经有50%老化掉了。当今世界，知识老化速度和世界变化速度一样越来越快。人才是有时间性的，今天是人才，如果没有足够的学习力，你无法保证你明天还是人才。所以，为了使你在明天依然是一个货真价实的人才，一定要有学习力作后盾。

徐助理是中学理科教师出身，本身善于学习思考，他条分缕析把学习力的重要性讲得有理有据，观点也很有说服力，大家听得频频点头。

我一边听一边深有感慨，身边这些同事我经常看到的是他们在事务性工作中的表现，很少有机会深入交流关于教育的思考，也很难听到他们对全镇教育管理工作的改革设想。

对于如何培养教师的学习力，徐助理结合狮山镇教师成长现状，谈了他的一系列建议。他认为，团队竞争力最终取决于学习力的竞争，为此，要在教师中树立崇学重学、勤学善学理念，以学习为荣、以不学习为耻。树立全员学习、终身学习理念，使学习真正成为广大教师的一种基本的生活态度、一种高远的师德境界、一种自觉的价值追求。教师要树立团队学习理念，营造崇尚学习的浓厚氛围，树立教育教学工作与学习一体化理念，使学习与工作有机融合、相互促进。

对于如何提升狮山镇教师专业素养，徐助理提出，当务之急是注重教师学习、创新教育境界的培育，为一线教师提供进修机会，为名优教师创设更好的成长平台。

他的一些思考和具体建议，我也认真地一一记录下来。像这样的深入思考和坦诚交流，正是改善我们的教育行政管理所需要的。过去，每个人都忙于自己负责的具体工作，很少会站在全局的角度交流研讨。事实证明，当我们给他们创设这样一个平台，既是促使他们去学习提高，也是真正凝聚大家的智慧，对工作更是一个有效促进。

接下来给大家做学习分享的，是另一位局长助理、镇教育局人事政工组负责人胡应文。他以"学习·创造·价值"为题，讲述自己学习马斯洛需求层次理论的心得体会。按照这一理论，人的最高层次需求就是实现自我价值，也就是要获得生命的意义。胡应文由此提出，对于一个团队，只有当成员能够通过工作体验到自己的生命意义，他们才愿意也才能够把自己的潜能发挥出来。

作为单位的人事工作负责人，胡应文也结合本职工作，介绍了他在教师招聘、名师考核与激励、班主任待遇提升等方面的工作设想和创新举措，如何制定奖励措施，强化制度执行力，努力形成内有动力、外有压力的有效机制，如何通过有效的教育教学评比，奖励学习力强、工作业绩突出的优秀教师，在全镇营造良好的学习氛围。

看得出，因为是在周一晨会上进行学习分享，每个人不自觉地会联系自己的业务，结合近期的一些重点工作，提出一些创新性的思考和建议。实践证明，镇教育局的许多改革创想，最初都来源于学研行晨会上的思想火花。比如，如何推进全镇的教研工作，我们在学研行晨会的研讨交流中集思广益、智慧碰撞，逐渐明确了

"学研行"科组（备课组）建设、"行政驱动+专业引领"名师工作室的建设思路。

正如墨子所言："口言之，身必行之。"因为注重了学习研讨，我们的工作也自然地有了"从学习走向创造，在创造中实现价值"之效。我们的一些学习收获，都及时变成处理工作困惑的方法和智慧。

众所周知，这些年中小学招生问题始终是"老大难"，是一块"难啃的硬骨头"，特别对于狮山镇来说，城镇化发展速度飞快，外来人员激增，子女随迁，学位问题一时难以满足社会需求，十分棘手。

这个问题该怎么解决？在一次学研行晨会上，负责全镇招生工作的林剑平以"创新"为题进行分享，谈了他对把学习转化为创造力的一些思考。在分享中，他很自然地谈到当前的中小学招生难的问题，也从创新工作方式的角度提出他的看法。

那天，大家的探讨非常热烈，"如何变被动为主动，打赢中小学招生这场硬仗"，每个人都有切身体会，也各抒己见。在晨会上，一些有价值的、操作性很强的做法纷纷提出来了。

这种学习、思考、碰撞产生的金点子，都在日后工作中落到实处发挥作用。比如从那时候起，我们改革中小学招生工作，通过公众号向家长和社会介绍各所学校的办学特色，提前推送"招生工作十问十答"，将一些典型问题用简洁明了的方式深入民心。为了宣传好招生新政，根据大家的建议，镇教育局全体工作人员在招生季走上街头，开展为百姓答疑解难等活动。

随着学研行晨会的持续开展，我们的学习内容和形式也越来越丰富，越来越不拘一格。除了系列化的学习，我们还根据出现的一些问题，有针对性地组织了一些专题学习。

过去大家写公文、发通知，文件格式五花八门，很不规范。针对这个问题，我们专门做了一期"改变从细节开始"的专题培训，让大家意识到问题的重要性，然后提供统一的范本，对文件的格式、字体、字号、行距、标点、文档层次乃至装订位置等的规范逐一提出要求，经过这样细致入微的培训，各个科室再起草的文件，不仅格式赏心悦目，而且质量大有改观，文件的存档、流转、发布等工作也有所改善。

有些专业性问题我们自己学起来困难，思考不深，我们就把专家请进学研行晨会。比如，面对飞速发展、应接不暇的高科技时代，很多同事观念有点跟不上，对"智慧校园"了解不多。于是，我们专门邀请石门实验中学附属小学的韩保红主任在晨会上做讲座，以"'互联网+智慧校园'大数据云平台建设与应用案例展示"为题，给大家普及"互联网+教育""智慧校园""云教室"等知识。

渐渐地，大家也意识到，学习不是枯燥无味的，也不是流于形式或无用的，而是让每个人更新观念、增长见识，也跟上教育及时代发展的步伐。这样的学习才真正是一种"精神充电"，会让我们的工作常干常新。

党的十九大召开以后，我们也及时地策划了系列学习活动，把十九大报告跟我们的教育管理工作结合起来，把2019年一整年都作为"学懂、弄通、做实"党的十九大精神的学习年，全年一共设计了30讲系列主题学习活动，我仍然是率先开讲，局机关干部排好时间表。以下是我们的部分学习安排：

第一讲，主讲人：梁刚慧，主题：坚持党对一切工作的领导

第二讲，主讲人：胡应文，主题：习近平新时代中国特色社会主义思想

第三讲，主讲人：吴剑青，主题：坚持和发展中国特色社会主义

第四讲，主讲人：黎绮霞，主题：实现中华民族伟大复兴

第五讲，主讲人：梁雪贤，主题：党和国家事业历史性根本性变革与成就

………………

这项系列活动，我们从当年的1月初一直持续到11月份，每次半个小时，可谓是对十九大报告的精读辅导，真正帮助大家及时地把我党的最新指导思想和战略纲领入耳、入脑、入心，提高了大家的思想政治水平，并有效地应用在自己的工作实践中。

学研行晨会坚持至今，已经变成大家的工作习惯。让我更欣喜的是，在教育行政机关内部，一种倡导学习、研讨的风气真正建立起来了。每周的学研行晨会，大家畅所欲言、思想碰撞、智慧共享，在研究中工作、在工作中学习已经成为常态。

把行动拿出来研究，把研究结果呈现出来

坦率地说，在我的工作设想中，转变会风、倡导学习仅仅是整个教育行政机制改革的一小步，"学研行"组织建设不能停留在会议室里，而是要更多地落实到我们日常的行政工作中。

刚到狮山镇教育局的时候，耳闻目睹的一些现象让我感到有些焦虑。一方面，可能是在机关待的时间久了，一些教育行政人员不免沾染了"官僚气"，平时很少深入基层，每天晚来早走，喝喝茶、看看报、聊聊天，工作效率极其低下；另一方面，工作中既不学习也不思考，习惯于高高在上，凭经验办事，缺少服务意识，更缺乏对一线学校和教师进行专业引领的能力。

众所周知，保留镇教育局的建制，本来就是广东省内一种特殊的教育管理机制。放眼全国，早在1994年财税体制改革以后，乡镇一级的教育办公室大都已经撤销，实行"以县为主"的教育管理机制。但在广东，作为劳务输入大省，面对改革开放以来每年大量的外来人口涌入，面对镇级经济的强势发展，为更好发挥镇域办教育的优势和积极性，也为了更加高效地满足急剧增长的受教育需要，才破例保留了镇级教育行政机关，以期在教育城镇化建设上走出一

条创新路径。

可是，如果不能够提供专业、高效、便捷的教育服务，镇级教育行政部门的存在就失去了价值，反倒成了教育改革发展的"绊脚石"。

我想，作为镇教育局局长，我必须花大力气去推动教育行政部门的机制改革，真正带出一支专业、高效、服务能力和引领能力突出的教育行政团队，否则，建设"岭南教育名镇"只能是一句空话。

要提升教育行政人员的服务能力，最好的办法就是让大家都下到学校去，深入教育一线去发现问题、研究问题，帮助一线的校长和教师解决问题。

因此，来到狮山镇教育局以后，我提出每学期开学的第一天，镇教育局都要开展"五个一"活动，即所有教育行政人员到学校听一节随堂课，陪师生吃一顿饭，参加一次开学典礼（或学校会议），访谈一个家长，关爱一名学生。

提出"五个一"的要求，目的是督促大家走进学校，了解校长和教师的所思所想，发现学校教育中的问题，从而在教育管理中研究真问题、解决真问题。

还记得，2018年开学第一天，我来到一所小学，听了一节二年级的语文课，一边听一边记录，听完后我并没有点评，但心里却沉甸甸的。

课后，我将自己这节课上的所见所思整理出来，在全镇教学教研工作会议上作了一次专题研讨，以"剔除教育的泡沫，切实为师生减负"为题，谈一谈"学研行"组织理念下的备课组建设。在会上，我展示了课堂上随机截取的1分钟师生对话实录，并对师生的言语情况作了统计分析。结果显示，在这1分钟时间里，教师和学生一共说了228个字，但教师说的话是学生的3倍还要多。当然，我只是想通过这样一个细节，说明师生在课堂上的生命状态。

我恳切地对大家说："新课改实施以来，我们一直倡导以学生为本，让学生在教学中唱主角。可是，到底谁是课堂的主角，通过这个细节一目了然。我们的课堂是不是还存在大量的泡沫，我们是不是真正按教育规律去教学，这些都值得深思！"

这次专题研讨，谈的是"学研行"备课组建设，但我更希望从教研员到教育行政人员都能够转变工作方式，要善于发现问题，并把问题变成改善工作、改变教育的契机，把学习、研究、行动三者有机结合，提升工作的专业性和创新性，最终改变一个区域的教育生态。

有这样一件事，可谓是我们通过加强学习、研究，优化教育行政行为，最终变危机为契机的典型案例。

那是2017年底，区政府教育督导室下发了开展义务教育学校全面"改薄"专项督导的通知，要求各镇街教育局对照全面改薄"20条底线"，对下辖的义务教育公办学校进行专项督导。

对这项工作，我们起初认为就是一项常规检查而已，并没有觉得有什么问题。狮山镇是千亿经济大镇，薄弱学校改造这种事哪能跟这里沾边儿呢？

没想到，几天后，镇教育督学陈富瑜一脸凝重地来找我，递给我一份全镇义务教育公办学校的督导自查结果：全镇居然有十几所学校不达标。

"不可能吧，怎么会这样呢？"我简直难以相信。但看到他附上的"不达标项目分析表"，我无语了。原来，这次的"20条底线"对义务教育学校建设提出了新标准，许多指标都比以前更高。当然，也是我们过去不太注意的一些细节，比如窗台高度、安全护栏高度、厕所蹲位等。这些看似不是大事，但仔细想来，都事关学生的安全和健康。

而这次狮山镇不达标的学校，大部分都是吃了这方面的亏，当然，也有几所学校因为近年来多校合并、改造工程迟滞等原因，图书配置、运动场面积等"硬条件"不达标。

出现了这样的督导结果，究竟应该怎么办？会不会有损狮山镇教育形象？

我稍一思索，跟陈富瑜达成了一致意见：不达标就是不达标，督导重在实事求是，关键是针对初次督导的结果，我们要加强学习和研究，拿出有针对性的办法：一方面，要组织学校认真学习督导"20条底线"要求，吃透标准，在今后的学校建设和设施配置上心中有一把度量的尺子；另一方面，要基于督导结果，研究出整改的办法，并形成今后加强学校督导的长效机制。

虽然督导结果看似问题不少，但有了这样明确的思路，我们下一步的工作也清晰起来。

我们迅速召集不达标的学校开会研讨，一起学习对照"20条底线"，查找各自存在问题的原因，然后各校第一时间拿出整改计划表，我们具体问题具体分析，进行分类施策：有的问题是可以短期内"速改"的，有的是难度大、工期长的问题，需要"慢改"。我们又明确了时间表、路线图，确定了第二次专项督导的时间。

效果立竿见影！到第二次督导时，绝大多数学校的问题都已经有效解决，督导合格。但是，少数存在"老大难"问题的学校，二次督导仍不达标。

按规定，二次督导结果要向国家督导管理系统填报。为此，我们又召集责任督学和不达标学校校长开会，会上争论很激烈。有人反对将结果上报，认为是给狮山镇"抹黑"；也有人主张要上报，认为不能违背督导原则。

这个情况究竟应该怎么办？在我看来，这不仅仅是坚持原则的问题，也不是给狮山镇"抹黑"的问题。更重要的是，每一项不达标的问题背后，都关乎许多孩子的生命健康，必须正视，也不能等待。同时，出现问题不可怕，如果我们不能抓住契机尽快解决，进而形成解决问题的长效机制，这些"老大难"问题可能仍会一直搁置下去。

我和镇教育局领导班子开会研讨，最终决定：如实上报。同时，我们查找原因，分析情况，向区政府教育督导室递交了狮山镇全面改善义务教育学校基本办学条件的自查报告，对于如何尽快改变这些学校的"短板"，提出我们的建议与希望。

事实证明，从全国来看，由于新的督导标准的实施，确实发现了许多过去重视不够的新情况和新问题。也正是因为我们如实上报，为狮山镇整改问题赢得了主动权。

广东省政府教育督导室根据我们的上报结果，下达了专项整改的通知。我们也借此组织了一系列的教育督导的"学研行"活动：学习国务院相关文件，提升对教育专项督导工作的认识；集中学习全面改薄"20条底线"，对照标准查摆我们的问题；邀请预算专家指导，对不达标学校的整改工作制订整改实施方案。

我们把这一系列工作向镇政府汇报，得到了镇领导的高度重视，当年追加1700万元整改预算资金，用于不达标项目的专项改造。

有了这样的大力支持，我们的整改工作按高标准如期推进，很快完成了各项整改工作。那些项目不达标的学校办学条件得到显著改善，校长们感激地说，幸好有了这次督导，让多年没有解决的问题被一次性解决，为师生们办了一件大好事。

问题得到了圆满的解决，但我们并不满足，而是针对这次督导过程进行了认真反思总结，以"学研行"组织理念为指导，构建了狮山镇责任督学工作规范，从问题诊断，到政策学习，再到督导行为实施，都建立了科学的工作机制。由陈富瑜撰写的《实践"学研行" 促进责任督学自主发展》的经验文章也在国家级媒体上得以发表。

在这样发现问题、研究问题、解决问题的过程中，大家慢慢意识到，"学研行"组织建设一点儿都不神秘，而是做好教育工作的一种必然要求，也是教育人自然的一种工作方式。要做好教育工作，不能闭门造车，也不能主观臆断，必须沉潜到教育基层，找准工作的着力点、需求点和价值点，在"学、研、行"三位一体中改善我们的教育实践，最终实现"让学习成为一种需要，让研究成为一种生活方式，让行动有效成为一种习惯"的价值追求。

从教研机制到备课组建设，让"一线智慧"迸发

来到狮山镇以后，我常常思考这样一个问题：镇级教育行政部门存在的价值是什么？

作为一级教育组织，我们的工作当然不仅限于上传下达、落实好上级的各项政策、任务等，而是要发挥好贴近教育一线的优势，做好教育专业发展的引领者、组织者和服务者的角色。然而，从做好专业服务者的角色来说，推动教研机制建设、提升教师专业素

养，一直是我们工作中的薄弱环节。

如今的狮山教育，随着教育基本均衡的实现，推进教育的优质、高位均衡成了面临的最大挑战。一个最棘手的问题就是，校际教师素养的差异较大。那些名师较多的学校，领头雁较强的团队，备课组活动就更高效，教育教学水平就越高，学生受益面就越大；反之，就会出现学校活力不足、教师素养不高、学生成长受限。

问题的症结在哪里呢？在我看来，一个日益突出的痼疾就是镇级教研机构的功能弱化。从传统的乡镇教办，到如今的镇教育行政机关，其设立初衷就是加强乡镇一级的教研指导。但由于各种主客观原因，镇教育行政机关越来越背离这一设立初衷，镇级教研员的角色也逐渐被异化。

在狮山镇，虽然有一批镇教研员，而且都是一线优秀教师，但是他们每天从事的工作绝大多数都与教研无关。在镇教育局，他们与其他行政人员一样，工作中身兼多个角色，有各种繁杂的公务，要处理文件，还要组织各种会议和活动等。这样一来，他们投入到教研工作的时间和精力就很有限了。更何况受编制限制，这些教研员常常分管多个学科的教研，实在是勉为其难。

以教研员吴珍老师为例，她原本是一位优秀的中学语文教师，抽调到镇教育局以后，她不仅要负责中小学语文学科的教研活动，同时还兼任中学历史、小学道德与法制学科的教研工作。此外，作为教育行政部门的一员，她的工作职责还有镇域教育科研与相关宣传、"新基础教育"课题协调与推进、镇域语言文字工作等就更不用说，遇到一些临时任务，如教师招聘、学校考评、会议筹备等，人手不足时她也要随时就位。

这绝不是个案，镇教育局的教研员情况大都如此，一个人兼职数项工作，很多时候忙的是教研工作和专业发展以外的事务。可想而知，镇级教研活动的有效组织与开展，仅靠他们是很难保证的。他们都是一人身兼多个学科的教研工作，除了自己本专业的学科教学外，还要指导其他学科，这其实是难于兼顾的。此外，面对变化的教材、不断更新的方法理念，这些教研员脱离一线越久，就越生疏。

面对这些实际情况，如何改革教研机制，为狮山镇教师构筑专业成长的有效平台？

在局机关编制有限的情况下，这项工作究竟该由谁来承担呢？经过反复研讨，我们想到了名师工作室这一支新兴力量。

目前，各地都在大力加强名师工作室建设，为优秀教师打通成长通道，但能否赋予其更大的责任，让他们发挥学科教研的引领与辐射作用呢？我们经过充分论证，觉得这个办法是可行的。

企业家任正非曾说过，要让听到炮声的人呼唤炮火，让听得见炮声的人来决策。名师工作室主持人都是一线教学名师，扎根一线并在一线成长起来，可谓是听得见炮声的人，他们对学科专业的发展无疑最有发言权。

说干就干，我们很快设计策划了一个改革教研模式的操作方案，在狮山镇率先推出了"专业引领+行政驱动"的创新教研模式。

2019年10月，狮山镇评选推出了新一批镇级"名师工作室"。全镇中小学各个学科一共挂牌成立了27个"名师工作室"。各个"名师工作室"主持人被赋予了一项新职责，他们同时担任镇兼职教研员，既要培养名师，也要引领其所任学科的教研活动。这些主持人本身都是区级或镇级骨干教师，是学科发展的领军人物。作为兼职教研员，以他们为核心，组建至少有12名成员参与的"名师工作室"，除了自身的专业发展外，他们还要发挥专业引领作用，组织全镇该学科的教研活动。

不过，原有的镇教研员做什么呢？岂不是被架空了吗？由于

"名师工作室"主持人只是兼职教研员,在教研活动组织上未免欠缺行政力度,这样,原来的镇教研员被赋予了新的身份——学科协调员,他们要发挥行政驱动作用,协助"名师工作室"主持人,为他们搭建活动平台、提供优质服务,为他们保驾护航、排忧解难。

全镇27个学科"名师工作室",就相当于有27位兼职教研员,统领着27支学科发展队伍,由他们来推进学科教研,简直是如虎添翼。这一新机制运行近两年,成效显著,真正把工作室建设成为一个个专业经验共享的共同体。在这样的机制下,"名师工作室"其实就是"学研行"特色的教育共同体,是学科团队的"交流场"、教学相长的"研究场"和教师成长的"练兵场",作用也日渐凸显。

罗村第二中学的李祖英老师是道德与法治学科"名师工作室"主持人。教龄26年,她因为教学业绩突出,教了23年初三毕业班。担任镇兼职教研员后,学校很支持,安排她改教初一,还减少了工作量。

如今在李祖英的工作室里,13位工作室成员全部是镇区级名师,组成了一个辐射全镇的"学科共生体"。新冠肺炎疫情期间,按要求实行"停课不停学",眼看许多教师不会上网课,李祖英组织了5位区级学科名师，面向全镇推出线上公开课，不仅解了大家的"燃眉之急"，他们的微课作品还获得佛山市微课大赛一等奖。

"工作室定期举行主题教研，我们都来自一线教学岗位，教师的痛点最清楚，每次教研活动都深受欢迎。"李祖英说。

让适合的人做适合的事！在全新的教研机制下，每一位主持人都是专业引领者，身边聚合了各自学科的名师，实现优质教育资源的共享交流。27个工作室，就是27个"学研行"组织。

狮山镇这一"专业引领+行政驱动"的创新教研模式，是突破镇域层面行政管理体制之瓶颈的一种尝试、一种改革、一种创新。有了这样一批"学研行"特色的教学共同体，狮山镇教师的专业发展、整体教学质量的提升都是指日可待的事。而我更期待的是，通过这样的专业引领，让学校内部的每一个部门，从年级组、学科组到备课组，都变成一个"学研行"组织。

课堂是教师教书育人的主阵地，是体现教师专业化水平的殿堂，也是教师安身立命的舞台。教师的教学水平、教学效果体现在学生的学习质量上。因此，高品质的"学研行"备课组，是"学研行"组织建设最重要的内容，也是最基层的组织。

在深入课堂随机听评课的过程中，我深切地感到，当前的常规课堂仍普遍低效，没有把"以教师为主导，以学生为主体"的教育教学原则落实在课堂中。我们的课堂应该是"学堂"，而不是"师堂"！必须把时间和空间还给学生，要让学生主动快乐持续地成长。

要解决这个问题，就要构建"学研行"备课组：教师通过学习，才能把握教育规律，剔除泡沫；通过研究，才能明了教育本质；通过行动，才能超越自我、成就学生。

为深入了解学校科组、备课组建设现状，2020年3月，教研员钟剑涛和吴珍面向全镇各中小学发放了一份调查问卷，共收回问卷4000多份。根据问卷反馈结果，我们发现，大部分学校对于学科备课组建设比较重视，97.31%的备课组都制定了相关学习研讨制度或工作守则，84.9%的学校行政领导能够坚持每周或经常参加科组或备课组活动，73%的学科备课组能每学期开展10次以上集体备课活动。

但从中也发现，因其他事务影响，按照每学期16次左右的活动时间要求，近四成学校集体备课次数不足。个别学校存在行政领导较少出席甚至从不出席备课组活动的情况。同时，在备课组活动中，大多数学校仅仅是备教材、备课文，相关的理论学习和课标研读不足。

在调研中，许多教师也提出了对备课组活动的建议：比如能够固定时间、固定场所，减少活动随意性；备课组活动中能多一些研讨、交流，多研究一些问题；备课形式应更为多样，能在求同存异中允许教师有自己的创造，体现各自的教学个性；等等。

可见，要解决调查问卷中反映的问题，还是应在备课组建设中引导教师将"学习、研究、行动"三者结合起来，在大量调研、深入分析的基础上，钟剑涛和吴珍又征求省市专家的意见和建议，修订出台了《狮山镇中小学"学研行"备课组建设方案》，包括"学研行"备课组建设考核细则、"学研行"备课组活动记录（模板）、教师"学研行"三年发展计划等一揽子方案。

显然，这是一套操作性极强的解决方案。在方案引导下，我们要求所有学校都要积极构建"学研行"校级领导组、年级组、科组和备课组。我也一再强调，学校领导干部必须以身作则，做"学研行"的领头雁，做构建"学研行"组织的排头兵。

以狮山镇新城小学为例，这是一所地理位置较偏远的乡镇学校，师生近2000人。办学成绩不突出，办学特色不明显。学校缺少明确考核要求，外无压力、内无动力，干部和教师都待在自己的

"舒适圈"里。尽管学校有一批负责任的老教师，年轻教师素质也不错，但长此以往，大家都将丧失自我成长的强烈意愿。

2020年9月，徐爱仪校长走马上任，面对这样的现状，学校行政团队深入分析校情学情，决定借助"学研行"这一抓手，狠抓教学常规管理，在教学教研上"大刀阔斧"改革，学习"新基础教育"理念，构建"天乾"智慧课堂教学范式；探索以科组为单位的教师共同体组织建设，构建同伴互助模式，倡导"资源共享，任务分担，共同进退"。

令人难以置信的是，仅仅过了一个学期，新城小学的课堂教学质量大为改观。在南海区学科质量绿色监测中，以往长期倒数的新城小学在科学学科的测评中名次大幅提升，一举跃居全镇中上行列。

这一结果极大地振奋了整个教师团队。在期末总结分享会上，三年级科学教师霍成章感慨万千：不要蛮干，要找找方法；不要单干，要找找团队；不要苦干，要和学生一起品尝学习的滋味。五年级科学教师龙先忠说："热烈掌声不是给我的，也不仅仅是给几位科学老师的，而是给我们学校这种让我崇敬的力量，这种力量叫集体的力量！"

面对学校的神奇转变，徐爱仪校长欣慰地说："'学研行'组织建设说来并不简单，但真有实效！它激发了教师内心的原动力，给了他们勇于脱离舒适区、尝试挑战新事物的信心和行动力。备课组有力量了，学校的凝聚力也就强了。"

从这样一所学校的发展中，我们也满怀信心地看到："学研行"备课组建设这一步，我们走对了。今后除了要持续进行相关调研分析、发现问题、完善相关制度方案，同时还要加强评比，经常把新城小学这样的典型案例和团队推出来，让各学校教师相互分享、相互激励。

如今，狮山镇的很多学校，一批希望有所作为的校长都行动起来了，通过"学研行"点亮教师团队的思想之光，增加团队建设的推动力，通过"学研行"唤醒教师团队的发展活力。只要沿着这条路坚定地走下去，建设一支具有发展内驱力、专业战斗力、精神凝聚力的狮山教师团队也是未来可期的。

一党员一名片，把党支部建在备课组上

在我的教育管理实践中，党组织建设一直是常抓不懈的重点工作，不是应付任务、流于形式，而是真抓实干，抓出实效，干出新意。

"党员都去哪儿了？"在日常工作中，党员经常是一种被遗忘的身份，只有在开党支部会、党员学习活动中才会意识到，其他时候似乎都"泯然众人"。究其原因，一方面，是党员活动流于形式，一般就是开开会、学学文件，偶尔外出参观考察，既学不深也悟不透；另一方面，党员活动又常常与业务工作"两张皮"，缺少沟通与融合。

在我看来，党员原本就是一个单位里的优秀分子，具备良好的党性修养和个人素养，也理应在各项工作中发挥模范带头作用。问题是我们如何创造机会，让他们在思想和行动上都成为名副其实的先行者、中坚力量？

党建工作倡导"学通，弄懂，做实"，这与我们的"学研行"理念可谓有着异曲同工之妙。近几年，我们以构建"学研行"党组织为抓手，创新党建工作方式方法，积极开展"一党员一名片，一小组一特色，一支部一品牌"三大优质党建品牌创建活动。

党建活动如何与"学研行"组织建设相融合？我们也是从学习入手，开创"学研行"品读红色经典新模式，为中小学党支部提供全方位指导，提升教师党员的党性修养。

2019年的"世界读书日"，狮山镇组织全镇900名教师党员举行"读红色经典，强党性修养"读书分享活动。读书分享会内容以"规定主题，书籍自选"为原则，可选择"学习强国"平台有关资源，例如《习近平谈治国理政》《红岩》《苦难辉煌》《青春之歌》等红色经典。

为了给教师党员阅读红色经典提供专业指导，我要求他们紧扣"学研行"思路，或者在阅读某部著作后选取其中的篇章、片段，结合自身工作经历，说感想，谈体会；或者向大家推荐一本自己喜爱的书籍，赏析其中最喜欢的章节。

在分享活动中，大家用生动活泼的形式谈读书体验，谈自身感悟，谈工作经历，以"分享式头脑风暴"方法，研究红色文化在教育教学岗位上的运用，探讨如何营造"爱学习，深研究，真践行"的教书育人氛围，提升教师的精神境界和党性修养。浓郁的读书氛围，琅琅的读书声，感染着在场的每一个人。

大家谈得热火朝天，我也有感而发，以"星星之火，何以燎原"为题，分享了自己读《浴血荣光》的感悟，以毛泽东的人生经历为切入点，阐述了我对"为什么只有中国共产党才能救中国"的个人思考。最后，我深有感触地总结道："如果说教育是点亮人的事业的话，那么通过品读红色经典，最终会点亮一个人的志向，点亮一个人能力，点亮一个人的精神，点亮一个人的品质。"

正所谓，"学研改变命运，行动成就未来"。在这样的读书分享活动中，我们将"学研行"、党建、读书几大要素有机结合，为教育系统党员干部提供了一场场有高度、有深度、有意义的精神盛宴。

即使面对2020年初突如其来的新冠肺炎疫情，我们的党建学习活动也没有停止，而且是疫情越严峻、越紧张，党建学习活动越是不能放松。

2020年4月，以"停课不停学，党建不停步"为主题，全镇教育系统1000名党员开展党建"学研行"云会议，号召全镇教育系统党员干部要带头坚定信心、精准施策，继续把校园疫情防控落实工作抓实抓细，打赢打好校园疫情防控阻击战。

在云会议上，我给大家上了一节线上党课。结合当前的国际疫情形势，结合过去一段时期涌现出来的一大批感人的先进典型以及身边的生活案例，深入浅出、翔实有力地论证了"为谁培养人""培养什么人""如何培养人"这三个问题。我强调：作为党员干部，一定要提高政治站位，不忘初心，牢记使命。"学研行"不是一个口号，"学研行"人人、事事、时时皆可行。党员教师要通过"学研行"不断提升自己，变危机为契机，主动学习研究，研究如何更好地适应新形势，更好地培养祖国未来的接班人。

沧海横流，方显英雄本色。在这样的危急时刻，正是要彰显党员的本色，用学习的姿态传递希望。在会上，我发出号召：教育系统全体党员向钟南山院士、李兰娟院士、王辰院士、张伯礼院士等先进党员学习，努力做好教书育人的本职工作，保证学生和自己的身体健康，为国家的教育事业做贡献。希望党员干部要靠前指挥，战斗在一线，表率在一线，同舟共济，齐心抗疫，共同迎接新学期的到来。

构建"学研行"党组织，最重要的当然是落实到行动上。所谓"一党员一名片，一小组一特色，一支部一品牌"，就是立足学校教育教学主业，要求每位党员在学习、研究和行动上都起到带头作用，形成自己的教育教学风格和特色；由备课组建立党小组，要求每个党小组立足小组成员真实起点，描绘小组未来的共同愿景和三年内能达成的主要目标，并制订具体措施；要求学校党支部担负起学校品牌发展重任，发挥核心引领作用，让党建工作和学校整体工作形成合力。

在党建"学研行"中，涌现出罗村实验小学"党建引领下的幸福教育"实践和桃园初级中学"党建引领美乐教育特色品牌"等典型经验和创新做法。

在党建"学研行"引领下，狮山镇各所学校都发挥了党员的引领作用，立足学校教育教学改革，提升业务能力，打磨优质课堂，增强志愿服务意识，强化党员担当，几年实践下来，狮山教育涌现出一大批特色品牌学校，真正擦亮一大批党员教师名片。

如今，党建"学研行"活动已经深入到校园工作的方方面面，在学校特色教育、课堂教学改革、教师团队建设及家校合作等工作中，为师生生命质量改善、幸福指数提升发挥了不可或缺的作用，也使学校党建工作更有生命活力。

几年来，我们深切地感受到，"学研行"组织建设真正成为撬动狮山教育发展的杠杆，为改善镇域教育治理提供了强大的理念支撑和方法借鉴。以教育行政改革为引领，我们围绕学生的终身发展，以"学研行"组织为突破口，在各学校营造善于学习、乐于研究、勇于行动的良好氛围，挖掘组织与师生个人发展的内在驱动力，积极探索镇域教师的成长路径，从而点亮教师、点亮学生、点亮校园。

今天，走进狮山镇的任何一所学校，"学研行"已然成为校长和教师们改善教育教学行为的拿手工具，是他们推进学校组织建设、激发学校团队活力的关键推手。不论是党建工作、课程建设、课堂教学改革、科研课题推进还是文化建设，"学研行"在教育治理和学校管理的各个环节得到充分运用，提升着每一位教师的学习力、研究力和行动力。

展望未来，"学研行"组织建设既作为一项发展策略，也作为一大教育管理品牌，已经被写入《狮山镇新时代品牌教育创新发展五年规划纲要》，继续激发学校改革活力，焕发师生生命自觉，塑造着崭新的属于狮山镇的教育团队管理文化。

第四章 抓住变革的核心力量

人们常说，"一位好校长就是一所好学校"。如今在狮山镇，像这样因为一位校长的到来，给一所学校带来新的生机和活力的例证，可谓是不胜枚举。

四年前，原来长期在中学任教的蔡阳合被任命为芦塘小学校长。第一次走进芦塘小学，呈现在他眼前的是一所不起眼的乡镇小学。陈旧的教学楼，灰色斑驳的水泥路面，朴实的教师，肤色黧黑的孩子。

校园里最惹眼的，是两棵枝叶婆娑的大榕树，长得比教学楼还高，据说有100多年树龄。仔细了解才知道，这所小学也有100多年历史。两棵古榕就像学校的守护神，一直默默地守护着师生们的成长。

从这两棵大榕树身上，蔡校长找到了教育的灵感。他搜集整理百年办学历史和文化积淀，提炼出了"本根教育"的办学理念。

"根深才能叶茂，立德才能树人。"蔡阳合意味深长地说，"为此，我提出'正做人之根，养儒雅之气'。"

"本根教育"的确立，让学校教育一下子有了魂儿，也有了鲜活的生命气息。蔡阳合带着教师们创设出一系列特色教育实践：仪式德育、传统文化校本课程、岭南民间技艺……在活动育人、过程育人的同时，学校着眼于"学研行"组织下的教师专业成长方式，引导教师讲述自己的教育故事——"做有根的教育"。

短短三年时间，芦塘小学成了同行、家长称赞的好学校。师生们的精气神儿不一样了，校园也焕然一新，建起了新教学楼，铺上了塑胶跑道。蔡阳合是个有心人，他把校园里发生的动人故事写出来，三年时间积攒了丰厚而鲜活的教育实践案例，编写出版了一本"本根教育"的办学治学专著。

一年前，蔡阳合又调任联合吴汉小学，到了新学校后，他通过调研也很快找到了变革学校的路径，引进国家级教育课题资源，力推课堂教学改革，在新岗位上干得有声有色。

可见，无论是变革一所学校，还是促进教师专业成长，校长都是其中最关键的角色。校长有理想，教师也会有理想，学校才会有希望。要办好一个区域的教育，必须抓住校长这一支教育发展的

"核心力量"。

近几年，狮山镇通过校长的竞聘选聘、校长定期交流轮岗、校长任期考核等，选好、用好、管好一批优秀校长，建设好每一所学校，推进校际均衡和特色办学。与此同时，镇教育局还为校长"量身定做"了一系列专业支持措施：名校长工作室、"学研行"校长特色论坛、国家级课题引领……提升校长的专业化水平，优化学校教育治理环境。

好校长是稀缺资源，也是狮山教育最宝贵的财富。好校长的成长同样是需要优质土壤的，我们希望搭建多元的校长成长平台，形成促进优秀校长不断涌现、持续发展的良性机制。只有这样，才能够让每一所学校都得到发展，让百姓真正享有家门口的好学校。

校长学研会，让智慧共享

2019年1月，年初的第一场特色校长论坛如期举行。这样的"思想峰会"，一年至少要举行两三次，校长们也都已经习以为常。

开会这件事，看起来是小事，但恰恰是管理创新和理念变革的一个重要突破口。这几年，我们改变传统的校长工作总结或年终述职，以特色校长论坛的形式，每次聚焦一个工作主题，让校长们讲述创新做法、核心办学理念、典型案例或感人故事。论坛的形式也很特别，一位校长分享完经验，当场请另一位校长进行点评。

还记得，2019年1月研讨的主题是"学校如何推进'学研行'组织建设"，由6位校（园）长作专题分享，另外6位校（园）长现场点评。

第一位发言的是官窑中心小学的高松青校长，他坦率地讲了自己对"学研行"的认识和实践体会："老实说，最初提起'学研行'，我还是懵懵懂懂。这几年的实践让我体会到，'学研行'组织建设的价值体现在不断丰盈教师的精神世界。"

官窑中心小学的教师平均年龄偏大，发展动力不强，一度让高校长很苦恼。怎样让教师走出职业倦怠呢？借助"学研行"组织理念，高松青开展了生动鲜活的系列校本培训，聚焦学校发展问题，培训主题都很吸引人："敢问路在何方""创造美好的教育生活""相信'相信的力量'"……培训形式也一改过去的沉闷枯燥，短视频、小游戏、广告都信手拈来变成培训素材。教师们在深度参与中一起学理论、找原因、想对策、定目标……

受此启发，教师们把每学期的总结会也变成学习研讨会。他们带着发现的眼光，去寻找身边的好老师、好经验、好故事，寻找工作中不经意的精彩或感动瞬间，用图片或视频记录下来，在全校分享交流，也在相互欣赏中传递幸福与感动。

就这样，几年下来，官窑中心小学的文化氛围大为改观，教师们的成长活力充分焕发，教育生活也变得越来越精彩。

听完高松青校长的讲述，作为点评人的光明新城小学校长黄以忠忍不住感慨道："教师的工作看似平凡琐碎，但如果善于发现和欣赏，就会超越平凡、成就非凡之事。这其中的关键，就在于校长要成为教师们的引领者，创设成事成人的平台，激发教师更高的精神追求。"

当天的论坛上，罗村中心幼儿园园长黄江英、桃园中学校长谢彦兴、小塘中学校长周教成、狮城中学校长刘丽婵、官窑中心幼儿园园长董艳等先后分享了各自的理念和实践，芦塘小学校长蔡阳合、石门实验中学副校长邹湘林、石门实验小学校长胡在军、罗村实验小学校长温旺华、狮山实验学校校长许贤苏等对发言校长的内容进行了点评。

　　面对各位同行，分享者不敢怠慢，都做了精心准备，观点精彩，事例生动。点评者也都毫不含糊，切中肯綮的评价可谓是画龙点睛，妙语连珠。这样热烈的场面好像是一群高手在"华山论剑"，听得现场观众大呼过瘾，听到妙处忍不住喝彩或鼓掌。

　　置身于这样的论坛现场，我也由衷地为校长们的精彩发言而自豪。几年来，通过这样开放式的、高水平的特色校长论坛，我能明显感觉到，校长们的智慧增长了、胸怀开阔了，校长论坛研究的氛围也更浓郁了。过去，这些校长们虽然各有各的精彩，但平日都是关起门来办学，相互之间很难有这样坦诚而深入的交流。因此，特色校长论坛的创办，目的不仅仅是成为校长们展示自我的秀场，而是让他们在相互切磋中懂得相互学习、相互接纳、相互欣赏。

　　每一次校长论坛，我都会推掉其他工作，全程参与活动。在校长们分享完毕后，我也会即兴分享我的学习感受，对校长们的发言一一点评和回应。我深知，校长们很在乎我的看法，就像学生期待老师的表扬一样，我会毫不吝惜地对校长们真学习、真研究、真行动的精神给予赞赏，同时也借机分享自己曾经的办学理念、分享我最新的学习收获和感受。

　　更重要的是，通过这样的活动，我希望传递这样一种理念：

校长就应该是一位专业研究者，是学校的首席学习官和思想引领者。只有这样的校长，才能培养出一支热爱学习、善于研究的教师团队。

借助特色校长论坛，校长们"共研共生"，组成了一个联系紧密的"学研行"组织。每次校长论坛，校长的专题汇报都是一种宝贵的学习资源，各所学校的做法是镇域内独特的教育智慧。这些学校的智慧，通过分享变成了大家的教育智慧，最终变成了"学研行"组织中的集体行动方案。也正是通过这样的深度学习、深度研究，才有高品质的教育教学，最终才有高品质的狮山教育。

为了给校长搭建更多的成长平台和交流机制，我们还在"专业引领+行政驱动"的名师工作室机制创新中，专门设立了"名校长工作室"，让校长们既有榜样的引领，又有一个相互交流研讨的学习共同体，从而弥补校际的差异，共同实现优质均衡发展。

2019年10月17日，狮山镇举行隆重的名师、名校长工作室授牌仪式，时任桃园中学校长谢彦兴被委以重任，接过"初中名校长工作室"的牌匾。

谢校长是一位很善于工作创新，也很注重学校文化建设的校长，他在桃园中学以美育为突破口，提炼出了"美乐教育"的办学理念，打造"乐活课堂"，学校的特色教育、教学质量都有了显著改善。由他担任这个工作室的主持人，也是希望他能够发挥自己办学的好经验，把校长队伍的学习习惯、文化意识和改革热情激发出来。谢彦兴对这项新任务也很重视，一年多来想了很多好办法，工作室的建设也初见成效。聆听一下他的实践感悟：

以往繁杂的日常事务，各种抽查、检查、验收、评估、会议、文件，折腾得校长常常不知自己是谁，是干什么的？

我想，校长应该干什么、怎样干，这就是我这个"名校长工作室"应该研究解决的核心命题。要通过工作室的引领，让校长把党的方针政策融化为自己的办学思想，把千头万绪的工作有机地纳入办学实践。

困惑中的反思

"名校长工作室"挂牌后，我一直思考，这个工作室的工作到底该如何开展？如何落实"学研行"？想了一段时间，依然没有任何头绪，不知道该从哪儿干起。工作室成员比较特别，全部是镇内公办初中校长，相互很熟悉，我该如何引领他们呢？总觉得自己的"分量"不足。

当然，我可以做一个学习引领者。我们常说，"给学生一杯水，自己要有一桶水"。而随着时代发展，要求教师成为"取之不尽，用之不竭"的活水源。一校之长更需要学习，让学习成为习惯。

但关键是，怎么引领校长们学习？学习什么呢？

意外的惊喜

不久后的一天，梁刚慧局长组织召开初中校长会议，会上向我们介绍了时任深圳罗湖区教育局局长王水发的一个创新做法——"每周一小时校长学习会"。

据他介绍，每周一小时"校长学研会"固定时间，分为幼儿园、小学、中学三个专场。罗湖区77位校长和139位园长，每周二下午都要参加校长学习会，会议时长为1小时。这1小时分为四个15分钟：第一个15分钟是校长们自主分享。分享治校经验、实践智慧，每周由一位校长进行分享；第二个15分钟是小组讨论。校长们分小组交流，说说听完分享之后的收获、建议和困惑；第三个15分钟是汇报交流。汇总每个小组、每个校长的观点，随机抽取一个小组代表现场汇报；第四个15分钟是专家的总结、点评。

"虽然我们也有每周一的'学研行'晨会，但罗湖的这个互动体验式、参与式的培训形式值得我们借鉴。"梁局长说。

我当时心里一动：是啊，这不是一种很好的学习研究形式吗？也很契合狮山教育提出的"以行定研、以研定学、以学促行"理念。多日的困惑，一下子感觉豁然开朗了。

创新与突破

说干就干，参考深圳市罗湖区的经验，我很快撰写了工作室的年度工作计划，构建"学研行"理念指导下的校长成长机制，推出了"每周一小时校长学研会"的做法。

我们的每周一小时"校长学研会"活动地点在不同的初中学校进行，实施"431"模式，"4"即活动分为四步骤：自主分享、小组研讨、汇报交流、专家点评；"3"即汇报交流三要求：收获、建议、困惑；"1"是强调总结提升这一关键环节：请专家或领导进行总结。

工作室活动模式确定了，我先勇于"解剖自己"，做"第一个吃螃蟹的人"。第一期狮山镇校长学研会，就在我当时任校长的桃园中学召开。我们敞开校园，让校长们自由参观。狮山镇全部初中校长认真细致参观镇内的一所公办学校，还是第一次。

那一天，校长们走遍了校园的每一个角落，对党建室、剪纸室、创客室等特色场馆建设进行了充分了解；深入第二课堂，观摩了龙狮队训练课，无人机培训课，特色剪纸课，口风琴、葫芦丝演奏课，动漫制作、3D打印课等丰富而独具特色的第二课堂；参观了范修通、周建霞和刘仕春三位名师工作室……

然后是本次活动的重头戏——"学研会"。我敞开心扉，结合"美乐教育"的创生历程，分享了自己关于特色学校创建的思考和实践，然后请校长们畅谈各自的收获、建议与困惑。校长们分成四个小组讨论，然后派代表发言。我们的要求是：少谈优点，多说建议，尽量多"挑刺"。真是"内行看门道"，校长们也知无不言，对"美乐教育"的课堂教学改革提了不少好建议。

最后，参加这次活动的梁刚慧局长进行总结与指导。他说，今天的活动开了一个好头，校长们只有这样真学习、真研讨，才能有真提高。大家不仅要相互学习，还要带着困惑与问题 "走出去，引进来"。

可以说，我们的校长学研会，既借鉴深圳市罗湖区的做法，又有自己的创新与特色，每次聚焦一个主题，倡导研究真问题，分享真见解，真正体现了狮山镇的"学研行"理念。

共识与愿景

接下来，我们的校长学研会依次开到了官窑中学、大圃中学、罗村第二中学，正如梁刚慧局长希望的，我们还前往珠海观摩学习。

每一次活动前，我都会沉下心来思考，活动后也会好好反思，怎样才能进一步提升校长学研会的实效性，让校长们觉得这个学习有意义、有价值、有收获，真心愿意参与。

最难忘的是2019年的最后一天，我们每周一小时的校长学研会在大圃中学举行，研讨主题是"如何抓实初三'学研行'备课组活动"。在元旦的喜庆氛围中，校长们仍然认真深入课堂听课，虚心听取学校的创新经验，热烈地探讨备课组建设的方法与理念，在深度学习与研讨中辞旧迎新。

一年多的校长学研会活动，校长们的学习能力、思考深度和研究意识都明显增强。从2020年年初以来，我们对标狮山教育发展规划，做好学校的未来发展规划。围绕如何做好学校发展规划这一主题，我们举行了一次校长学研会活动，大家各抒己见，对兄弟学校的规划逐一评价并提出宝贵的修改意见。

当天的活动中，对于学校未来的规划，对于狮山教育的愿景，对于国家教育改革目标的落地，大家都提出了许多值得吸收、借鉴的好建议。大家认为，要提炼学校的文化主题，并将发展目标阶段化、量化和细化；办学特色表达要清晰，并注重特色课程的设计与实施；要重视学生心理健康教育，落实"五育并举"理念，构建完整的学校课程体系；要重视党建引领，在规划制订与落实中"抓前沿、抓标杆、抓中层"；要有前瞻意识，重点关注智慧校园、智慧课堂建设；等等。

从校长们对未来的设想中，从他们满怀信心的态度中，我能感觉到，一支勤于学习、善于研究、勇于行动、乐于创新的校长队伍正在形成。在大家的智慧共享中，狮山教育人的共同愿景越来越清晰，培育"岭南教育名镇"的脚步也越走越坚实。

在谢彦兴的带领下，"初中名校长工作室"的活动影响力越来越大，也深受初中校长们的欢迎。

与此同时，镇教育局还为时任罗村中心小学校长杨瑞珍挂牌成立了"小学名校长工作室"，作为一位有自己独特办学理念和改革创新意识的资深校长，在杨瑞珍的主持下，"小学名校长工作室"也凝聚了一批专注做事、潜心育人的小学校长，共同在学习中研究，在反思中提升。

这样两个名校长工作室，真正成为狮山校长专业成长的催化剂，也是他们专注办学的稳定剂。2020年，按照校长交流轮岗要求，包括谢彦兴和杨瑞珍，狮山镇大部分校长都换了新的学校，来到新的岗位，但是因为有了学习共同体的支撑，各所学校都很快实现了平稳过渡，校长们都初心依旧、干劲不减，让各所学校勃发出新的生机。

校长有理想，学校有希望

"大学者，非谓有大楼之谓也，有大师之谓也。"当年，学者梅贻琦在清华大学校长的就职演说中的这句名言，精辟地说明了一所学校中"名校"与"名师"的关系。

确实，作为区域教育管理者，管理团队要建设的"岭南教育名镇"，一个重要标志不是大楼建得多漂亮，设施设备有多先进，而是首先有一批能够代表岭南教育特色的名校长，由他们成就一批好学校、好教师，最终使狮山的孩子受益。

那么，管理团队该如何用好校长队伍，为校长提供干事创业的舞台，为校长的办学提供必需的支撑，让校长感受到职业幸福感？

还记得，在杨瑞珍校长的"小学名校长工作室"揭牌仪式上，我曾说："校长要有点亮师生的理想与信念，持续专注地做好一件事。从细节入手，让细节成就品牌，让细节成就气质，让细节成就梦想。"

这些话，既是勉励参加揭牌仪式的校长们，也是我从杨瑞珍校长的办学中得到的深刻感悟。

多年前，杨瑞珍校长担任罗村中心小学校长时，正赶上学校陷入发展困境：因援建新学校，这里的骨干教师被抽调，生源也大量外流，对这样一位新手校长来说，无疑是巨大的考验。

杨瑞珍没有退缩，而是迎难而上，把打造教师队伍当成学校的首要任务。为让青年教师快速成长，她从课题研究入手，立项开展"教师专业化发展有效途径的研究"。

一方面，学校为教师搭建多元发展平台，改革教师评价，开展各类优秀教师评选活动：师德标兵、学习积极分子、优秀班主任、教科研积极分子……就这样，一批批教师在不同平台上找到了成长坐标，点燃自主发展的激情；另一方面，学校基于"生态教育"办学理念，实施"生态教师"孵化行动，为教师量身定做成长方案，对"种子教师"进行全方位跟踪指导，促使其成熟化；对"卓越教师"提供培训、竞赛和课题研究机会，促使其个性化；为"模范教师"创设教学沙龙、教育论坛等平台，使其走向领袖化。

为打破学校论资排辈的局面，杨瑞珍建立新的规章制度，倡导用业绩说话。她身体力行，引领教师走科研发展之路。对那些产生职业倦怠感的老教师、专业发展路上遇到困惑的新教师，她一个个谈话，教师们笑称她是"洗脑高手""情感专家"。

为了给教师成长提供展示空间，杨瑞珍还把每周事务性会议变成教师研讨会、分享会，围绕某个专题进行同伴分享：班主任经验、学科方法、家教心得、生活感悟……"起初是指定专人发言，教师慢慢地尝到了甜头，现在大家都抢着要发言。"杨瑞珍说。

在这样一系列强有力措施的支持下，罗村中心小学的教师们成长迅速，许多教师都发生着难以置信的变化。

有这样一件事，曾让杨瑞珍深深地感动。那是开学前夕，她正为学校的班主任安排费尽心思。一位老教师给她发来微信："校长，如果您信任我，就请您聘任我，让我继续当班主任。"

多么善解人意的老师啊，看到这条微信，杨瑞珍心里暖暖的。可谁能想到，这是一个在其他学校差点落聘的老师，但自从到了罗村中心小学，她就像换了一个人似的，无论教学业绩还是辅导社团都表现突出，被评为教科研先进。

近几年，罗村中心小学先后获27项省、市、区级科研成果奖，教师获区级以上奖励超300人次，学校的教师专业化发展课题获广东省教育创新成果奖，杨瑞珍校长也被评为全国素质教育先进工作者。

好校长与好学校，往往是相互成就。杨瑞珍在改变一所学校的同时，自己也成长为具有个性理念、综合素养强的专家型校长。

在为杨瑞珍挂牌成立"小学名校长工作室"的同时，我们又进一步委以重任。2020年，杨瑞珍接手新建的科技路小学，这所高水平配建的学校也被寄予厚望，作为狮山镇扩大优质教育资源的重要举措。杨瑞珍也毫不含糊，单枪匹马开始筹建新学校，很快组成了一支筹建小组，招聘教师，借址办学，让学校先期运转起来，同时从一张施工图开始，紧锣密鼓地投入建校工程。如今，科技路小学的校园建设基本竣工，在2020年秋季正式开门办学。

正如我常说的一句话，"校长有理想，学校有希望"。这些年来，狮山镇因为镇域调整，许多学校也经历了合并调整，原本的一些农村学校虽然成了城镇学校，但这个过程中也带来一些新的问题，客观上给学校的办学带来不少挑战。

然而，有这样一位名校长，就像"救火队长"一样，先后调任多所薄弱学校都毫无怨言，反而斗志不减，总能找到创新的办法，让学校的面貌迅速发生变化。他就是曾获南海名校长、首届"感动南海的道德人物""南海影响力十大人物"的巫洪金。

2016年8月，校长换届，巫洪金被调任官窑第一小学任校长，这又是一所位置偏远师资薄弱的学校。当时的学校可谓是百废待兴，班子不稳定，多人请辞。开学前，巫洪金要召集全体行政人员来研究新学期的工作，一通电话打下来，有的说在外地旅游，有的说身体不舒服，直到全体教师开学上班，行政人员才好不容易聚集起来。

当天的全体教师会，巫洪金作了第一次与教师见面的讲话，接下来轮到各位行政人员向教师们布置新学期工作分工和要求。可是，行政人员都沉默不言，会议尴尬地结束了。

面对这样的局面，巫洪金一度萌生退意，但最终咬着牙坚持下来了，因为他以前接手的学校，困难一点也不比现在少。"领导既然派我过来，就是信任我、需要我，身为一校之长，我怎么能临阵逃脱呢？"巫洪金说，"这时候考验的就是我们做教育的初心，只要信念坚定，我深信办法总比困难多，危机背后是新机。"

随后，巫洪金真诚地与每一名行政人员、级长、科组长和普通教师推心置腹交谈，问题渐渐水落石出。原来，官窑第一小学由六所村办小学撤并而成，但由于撤并之初与村委有矛盾，办学上得不到支持，学校发展缓慢，加上学校远离城区，交通不便，师资和生源都流失严重。了解到这一情况，巫洪金积极向上级反映他们的诉求，尽可能解决一些历史遗留问题，最终在镇教育局和村委的支持下，改善了教师们的福利，平息了学校的危机。

那段时间，巫洪金压力很大，多次跟我报告学校的情况，我每次都给他打气。我对他说："你遇到的困难确实是前所未有的，但并不是不可解决的，这时候需要的是一点精神，挺住了，你就成功了！"

同时，我也积极地帮他分析校情和师资情况，我考虑学校师资相对薄弱，他们对一位名校长的到来可能会心生畏惧，担心跟不上他的步伐，所以，我建议在新的学校里要有"空杯心态"，一切从头干起，把自己的位置摆正了，要成为教师中的一员，和他们一起同甘共苦，把困难当成财富，把挑战当成磨炼。

当学校的局面终于稳定下来，下一步该向哪里发展呢？巫洪金思索着，寻求着办学的突破口。

经过三个多月的调查和研究，巫洪金有了初步的思路。学校地处佛山高新区，周边有几家上榜"世界五百强"的汽车企业。如果能盘活周边资源为学校所用，必将使学校迎来发展良机！

可事情并不像想象的那么简单！因为学校底子太薄弱，这些汽车企业的子女没有一个在这里就读，要想接近他们，达成一个校企合作的项目，谈何容易？巫洪金做事有股韧劲儿，不合作也没关系，他还是决定把汽车文化有机地整合到学校教育中来。

擅长打造学校文化的他，结合南海区创建"品质南海，品质教育"的契机，在官窑第一小学提出建设"尚品教育"特色理念。

"所谓尚品教育，就是以'务本尚新，追求品质'为办学理念，依托学校地域资源优势，借鉴周边国际品牌企业的成功之道和管理文化，走出一条民族化、国际化的学校特色发展之路。"巫洪金踌躇满志地说。

然而，当他把学校文化的实施方案拿到班子会议上讨论时，大家都沉默了，半天才有人赌气地说："巫校长，如果推进这个项目，必须先把一大半老师换掉，否则我看不会成功。"

简直是当头一盆冷水啊！巫洪金这才意识到：在这里开展教育改革有多么艰难！但他没有放弃，又拿着方案在全校教师中开展大讨论，广泛征求意见：请优秀老党员与全体党员教师座谈，通过党建、师德学习和培训，终于让"尚品教育"在学校"呱呱坠地"。

为了激发大家对"尚品教育"的美好期待，巫洪金身体力行，引领教师们将"要我教"转变为"我要教"，争做"美丽教师"；鼓励学生将"要我学"转变为"我要学"，争当"美丽学子"。

在巫洪金的多方努力下，学校办学条件有了很大改善，每一个教师配备了新的办公电脑，重新装修了教师餐厅，美化绿化了校园，住在城区的教师上下班也有了专车接送。以此为契机，学校制订和完善了《美丽教师发展激励评价制度》和《美丽学子成长评价制度》，逐步走上规范化管理，开设了无人机、3D打印、武术、乐器、舞蹈、剪纸、书法等校本课程，使乡村教育充满城市化、多元化、现代化的气息；实行了精细化德育、教学和管理，调动了家长的积极性，减轻了行政和教师的负担；实施了"美丽工程"，盘活了家长、企业、村居等社会资源，打造出"美丽班级""美丽餐厅"和"美丽洗手间"，使师生在"美丽校园"里越发有成就感。

然而，让巫洪金苦恼的是，学校的教学还是没有明显进步，问题出在哪儿？经过审慎研判，他决定大胆起用新人，提拔了一位语文科组长做行政，主管教学工作；同时，巫洪金亲力亲为抓教学、上语文课，要为教师树立一个榜样。

"校长工作都够忙的，哪有时间备课，万一教不好，质量滑坡不说，校长的脸面又往哪放？"有人劝他。

可是，巫洪金很自信，甚至还把最好的班级让给年轻的老师，自己挑了一个最不被看好的402班任教。一开始，他教的班级，学生测试成绩并没有什么起色。

怎么办呢？为了激发学生学语文的热情，平时热爱写作的巫洪金想了一个办法，他借助课文《巨人的花园》的情节，决定写一本童话小说《站在巨人的肩膀上起飞》，小说中的人物就是班里的学生，他把学生都写进了小说里。

听说校长把他们写进小说里，学生别提多好奇，连平时最不爱读书的孩子，都开始有滋有味地阅读校长的小说，读完后急切地盼着下一章赶紧写出来。

就这样，巫洪金把学生写进文本，让学生在小说里遇到一个全新的自己和更好的自己！慢慢地，学生们不但读起来了，还讲起来、编起来、写起来了。学生们也开始写自己的童话集，班里掀起了一股童话创作热。每逢下课，他们迫不及待地跑到校长办公室，和他一起分享创作的喜悦。

把学生带进文本，不但改变了每一个学生，也改变了整个班级乃至整所学校，创造了令人刮目相看的教学现象和成绩，并引领、影响着学校的教师们，教学质量不断走高。几年时间，学校成就了一批骨干教师，从无到有发展了4位镇级名师、2位副高级教师和一批区级以上优秀教师。

巫洪金最初的另一个梦想也终于实现了，学校与周边企业成功签约，校企互动互助，官窑第一小学成为"广东省基础教育研究实验基地学校"。

在狮山镇，有一批像杨瑞珍、巫洪金这样的优秀校长。在2020年《教育家》杂志举办的"中国好校长"评选中，来自狮山镇的许贤苏、巫洪金和蔡阳合校长凭借他们的特色办学理念和创新实践，经过全国同行的票选、专家评审等环节，最终榜上有名。

他们都是狮山教育的财富，也是狮山教育改革发展的强大动力，用好这些名校长，把他们放在更适合的位置，适时给予精神激励和行政支持，让他们的改革步伐走得更稳，让他们在狮山教育中发挥更大作用，这是我的职责所在。

点亮教育情怀，做有担当的教育者

多年从事学校管理的经历，使我深知，要办好一所学校，校长除了必备的职业素养外，最关键还要具备两点品质：一要有教育的情怀，二要有责任感与勇气。

狮山教育无论规模还是体量，都不能和一般的城镇比量，全镇近150所学校（幼儿园），大部分都是随着城镇化进程由乡镇、农村学校（幼儿园）转型而来，师资、生源、教育软硬件等都水平不高，教育质量极不均衡，教育的类型也差异极大。更何况，随着大量的新增入学人口，全镇每年还要新建、扩建一批学校和幼儿园。

当此情形，如果不抓好校长队伍，不培养一批有情怀、能担当的学校管理者，狮山教育的发展必然是举步维艰。

因此，这些年来，我很少坐在办公室里，大部分时间都是深入到各个学校，与校长们交流，倾听他们的心声，了解他们的愿望，与他们站在同一个"战壕"里。只有及时掌握一线学校的发展状况，才能够因地制宜地提升管理效能。更重要的是，我也希望给校长们更多精神激励，唤醒他们的教育情怀和责任担当。

记得第一次走进大圃中学，校长宋量森忧心忡忡地跟我说起学校的情况：学校合并到狮山镇后，一些原大沥镇的老师都想调回去，再加上优质生源流失，学校中考质量连年走低，老师们越来越没有干劲儿，学校士气非常低落。

那时候，宋量森刚到任不久，我也很理解他急切想要改变学校现状的心情。怎样给他减压呢？我自然地跟他拉起家常，说起我当年在九江中学的往事。

九江中学所在的九江镇，是南海区最偏远的镇，被戏称为"南海的西伯利亚"，地理位置决定了这里招收的都是全区"末流"的生源。可是就因为这样，九江中学就不发展了吗？我没有抱怨，从做班主任到担任级长，带领一群被认为"不可救药"的学生，创造了学校有史以来最好成绩。从做德育处副主任到做校长，带领教师开展团队研修，培养了一批班主任名师，走出了一条特色发展之路，最终形成了"点亮教育"的理念与实践成果。

"校长要从具体的问题情境里超脱出来，做学校的精神引领者，让师生们在这里能看到希望。"我启示他说。

宋量森是个学者型校长。善于学习研究的他，很快找到了适合的办学路径。他基于校情提出了"励志教育"理念，唤起师生的生命自觉，为学校发展注入精神动力。

　　为激发师生的斗志，他以校园足球为突破口，在学校里成立足球社团，以足球为载体，培养学生们的团队精神、坚毅品性和"勇争第一"的斗志。让教师们惊奇的是，这些平时不爱学习、调皮的学生一到足球场上就变得生龙活虎，找到了他们的用武之地，他们训练刻苦、敢打敢拼，以惊人的成长速度"过五关、斩六将"，一举夺得佛山市中小学校园足球总决赛冠军和广东省青少年女子足球联赛冠军。

　　校园足球的成功让学生有了成长的自信，也给全校师生莫大的鼓舞。宋量森趁热打铁，激励教师们做学生成人成才的"励志之师"，激励学生们做"励志学子"。他提出"以球育德，以球促智，以球健体"的办学理念，将体育的成功迁移到德育、教学、管理等各方面。

　　教师们的心气儿都被调动起来了，他们组成若干个"学研行"共同体，相互"比学赶帮超"，自创了"师徒互学，对手互选"等做法，进行组队挑战。在课堂教学中，他们研发出"自学、议论、引领"的教学范式，并将"思维导图"引入课堂，帮助学生更好理解、记忆和运用所学知识，提高学生的思维、学习和创造能力，让课堂教学更高效。

大圃中学的学生们也像换了一个人似的，他们把踢球的劲头用到学习上，人人有目标、有榜样，开展学习竞赛，还借助"广东省互联网＋教学范式"实验资源，慢慢地变得乐学、善学，高效学习……学校在中考中实现"零的突破"，取得骄人的成绩。

因为观念的转变，让学校找到了适合的发展路径，用文化引领办学，最终改变了师生的精气神。在走出办学困境的过程中，宋量森也成长为一位有情怀、有智慧的校长，创造了教育的奇迹。

从大圃中学的发展历程中，我再次坚定了一个认识：校长的成长也需要点亮，在他们办学的关键期，适时地给予观念的引领和思想的启迪，会推动他们提升办学层次，给学校带来脱胎换骨的变化。

在狮山镇的民办学校中，既有办学条件高大上、师资力量雄厚、家长趋之若鹜的优质学校，也有低成本运营、吸收普通外来务工者子弟的普通民办学校。而后一类学校，更需要教育行政部门的关注。

狮山镇博雅学校曾经是一所惨淡经营、勉力支撑的普通民办学校，几年前去博雅学校检查工作，校长张朝辉让我看学校的教师宿舍，一间狭小的平房，阴暗潮湿，挤住着几位青年教师，宿舍里既没有卫生间，也没有厨房……

这样的情形让我十分震惊，没想到，民办学校的教师生活得像城中村的打工者一样，在这样的生存环境下，他们怎么能安心教书，又怎么会有幸福感?

我和张朝辉进行一番推心置腹的交流，共同研讨怎样走出办学的困境，主动去改变师生的命运，提升办学内涵。

学美术出身的张朝辉很有灵气，一点就透，他为博雅学校设计了一份美好的发展愿景，然后用这份愿景去游说办学投资方，最终打动了学校董事长，给了一笔办学资金。

很快，一幢6层高的宿舍大楼拔地而起。教师们欢天喜地搬进了新宿舍，归属感和幸福感陡增，工作热情空前高涨。学生们的住宿条件改善了，有了更好的学习环境，家长纷纷把孩子送到这里寄宿。

教师工作积极性高了，生源增加了，张朝辉再也不用为招生发愁，教师的待遇也水涨船高，学校发展从此进入了良性循环。

看到学校大有起色，学校董事长也加大了投入，学校硬件条件得到升级改造，校容校貌焕然一新。张朝辉也发挥自己的审美专长，把学校装点得美观、雅致，处处流动着文化气息。

更重要的是，学校的教师不仅变得爱岗敬业，而且在专业上有了更高追求。他们自觉地组成了学习共同体，乐此不疲地研究问题，研究案例，相互学习，相互碰撞，打磨出一个又一个"金点子"，把过去长期困扰学校的管理难题都变成一个个研究小课题，摸索出了"自学自研自行"的校本培训新模式，既解决了办学难题，又养成了良好的专业成长方式。

过去愁眉不展的张朝辉，在如今的博雅学校越干越有滋味。本来，他是镇教育局选派下去当校长的公办教师，如果工作不如意，随时可以回公办学校。但学校越办越好，他也越来越舍不得走，在民办学校找到了自身的价值与尊严，用自身的责任担当赢得师生们的爱戴。

就在新冠肺炎疫情初期，张朝辉得知，一位湖北籍家长和孩子从外地回到狮山，被房东拒之门外，也没有酒店肯收留他们。张朝辉二话没说，冒着可能被感染的风险，驱车找到这一家人，几经周折将他们送到政府指定的隔离中心，忙完已经是凌晨3点多……"他们都是博雅人，有了困难，我不能不管。"张朝辉的话，感动着师生和家长们。

对这样一所民办学校，对这位有担当的青年校长，我们也尽可能在教研、培训、名师工作室建设等方面给他们多一些支持，多一些鼓励。就在2020年，尽管受疫情影响，博雅学校的教学质量仍然保持大幅度提升，有一批毕业生以优异成绩进入优质中学就读，对学校老师和家长们来说，这是过去想都不敢想的事儿！

可见，一位校长的职业理想被点亮，他的情怀与担当就会成为强大的能量源，用自身的光和热，去点亮自己和身边的每一个人，进而去改变一个团队、一所学校，甚至整个教育的生态。

2020年1月，石门实验小学校长李绍团迎来了他校长职业生涯的第一场大考。

当时，学校前任校长突然辞职，副校长李绍团临危受命，接管学校全面工作。没想到一上任，就赶上突如其来的新冠肺炎疫情。如何调动教职员工、学生及家长，齐心协力打好这场输不起的校园防疫"阻击战"？如何做好"停课不停学"？如何顺利实施线上教育教学？如何确保师生员工返校复学零感染？严峻的考验一个接着一个。

这已经不是李绍团第一次临危受命了。几年前，学校招生面临危机，生源流失严重。李绍团被安排负责招生工作，他多方奔走联络，仅一年时间扭转颓势，生源回流，还净增了800多人。校董会提出重奖他，没想到他竟婉言谢绝，说功劳属于每一个教师，建议校董会将这笔奖金作为奖教基金，每年拿出10万元奖励业绩突出的教师。

就是这样一位能打硬仗、又有大局观的青年校长，面对疫情遭遇战，他身先士卒，带领全体党员和教职工反复研讨，精准施策，责任到人，把疫情期间的学校管理做得"滴水不漏"，得到大家的一致肯定。学校还组织所有教师化身一线主播，与广东省网络电视台携手打造66节精品课例，惠及百万学子。

李绍团校长干得最漂亮的一件事，就是变危机为契机，分担镇域教育压力。他大胆提出创办初中部，实施九年一贯制教育，在镇教育局支持下，这一计划如今已变为现实，也使学校迎来更大的发展新机。

这几年，狮山教育的快速发展，既为这样一批校长提出了更高成长要求，需要他们以更加专注的姿态、更加忘我的职业热情和更有魄力的职业担当，去解决教育面临的新情况和新问题，又为他们干事创业提供了广阔的舞台，让他们有可能做成过去想做而做不了的事，从中体验更强烈的职业成就感。

只有为校长们实现职业理想提供适合的土壤，点亮他们的"教育梦"，让他们在改革实践中得到精神淬炼，焕发出强大的内生动力，狮山教育才有梦可追。

课题引领学校，体验成长幸福

曾经读过一个有趣的小故事《石头汤》，故事的梗概是这样的：

三个和尚去寻找幸福的答案。他们到了一个村庄里，这个村庄的村民们不相信陌生人，也不相信自己的邻居。他们去敲村民家的门，可是没有人理他们。于是三个和尚就开始煮石头汤了，先是有一个小女孩看到了，她也很好奇，就和他们一起找石头，还把她家的大锅拿来煮石头汤。

后来村民们都被吸引了，纷纷走出家门去看看石头汤到底怎么煮的。和尚趁机说放点调料才会更香，而且说会请村民品尝，于是，村民们陆陆续续把家里好吃的拿出来煮石头汤，汤煮好了，大家坐在一起吃，村民们都很高兴。

他们找到了幸福，幸福就像煮石头汤，村民们也明白了分享使人更加快乐。光用石头是不能煮出好喝的汤来的，好东西一个人吃是吃不出香甜的，只有大家一起分享才会快乐。

正如故事的结尾告诉我们的那样，只有懂得分享，才能体验到幸福。但从这个故事中，我又读出另一重意味。那就是，这些村民最终找到幸福，是因为他们听从了三个和尚的指引，才获得了更深刻的生命体验和感悟。三个和尚无疑是村民们生命中的贵人，他们用生动形象的方式，让村民克服了自身的劣根性，体验到人性的美好。

我们大多数人都像这些村民一样，身上或多或少带着一些陋习或不足，却很少自知。这时候，我们需要有贵人的指引，用适合的载体去改变我们，提升我们的生命境界。

对教育者而言，这样的贵人就是那些教育专家或名师，而最适合的载体就是教育科研课题。

虚心地向教育名家大师请教，听从他们的指引，用课题研究去改善自己的教育实践，升华自己的实践认知，这是我多年从事教育工作得出的最深的体会。为此，我也尽可能地为校长们创设这样的条件，让他们找到事业生命中"重要的人"，在课题研究中改善学校教学质量。

2016年6月，我来到狮山镇任职后，正赶上南海区教育局与华东师范大学签订战略合作协议，在全区挑选一批"新基础教育"实验学校。听到这个好消息，我当即第一时间向区教育局请求，争取到两个实验学校名额。

经过慎重考虑，这两个名额被分给了小塘中心小学和松岗中心小学。小塘中心小学校长朱燕敏和松岗中心小学校长刘大治，都是新提拔的校长，管理经验相对欠缺，但都非常好学、上进，参与这一高水平的国家级教育实验，通过顶尖专家的引领和扶持，无论对学校的健康发展和他们个人的专业成长，无疑都是大有裨益的。

2016年8月，我与朱燕敏进行校长任职前谈话，了解她的教育经历和对学校的未来规划。朱燕敏是土生土长的小塘人，小塘中心小学也是她的母校，如今能回母校任职，她既感兴奋，又倍感压力。我想，对她和学校来说，能加入"新基础教育"实验，都是雪中送炭的好事，于是建议她先认真研读"新基础教育"实验的相关资料。

朱燕敏也很用心，那个暑假认真阅读了《"新基础教育"研究传统》《"新基础教育"论》《"新基础教育"研究手册》等相关书籍，又检索了相关实验学校的报道，她越看越兴奋，随即又号召学校所有行政人员都认真研读。

就这样，当年秋季开学不久，小塘中心小学加入了"新基础教育"①实验，走上了一条课题引领学校发展的崭新道路。当然，这条路其实并不容易走，曾经多次遭遇困境，但可贵的是，朱燕敏和教师们始终没有放弃，在这条路上勇敢地坚持，最终他们也欣喜地体验到了成长的幸福。朱燕敏曾在一篇教育随笔中记载了学校教师们几年来的心路历程。

美 丽 遇 见

2016年9月，我校被推荐为狮山镇自主推进"新基础教育"实验学校。经过一年的理论学习和前期准备，华东师范大学课题组专家团入校现场调研，我们顺利通过调研，学校正式成为南海区6所实验学校之一。喜讯传来，全校一片欢腾。

"新基础教育"如约而至，第一个学期，参与实验的教师像上了发条一样亢奋，经常聚在一起研读讨论，都想着尽快融入"新基础教育"中，也让自己对教育理论曾经的"囊中羞涩"变得"腰缠

① "新基础教育"实验是我国当代著名教育学家叶澜教授在 20 世纪 90 年代开始发起的一项基础教育改革实验项目，以期在生命教育观指引下，实现中小学校教育理念和行为的整体变革。2016 年 6 月，经南海区教育局遴选，狮山镇小塘中心小学和松岗中心小学作为实验学校，加入"新基础教育"实验。与此同时，狮山镇推行的"学研行"组织变革，从教育方法论层面倡导"以行定研，以研定学，以学促行"，将学校教育的学习、研究、行动三者打通，构建了一个实践闭环，为校长和教师的教育改革提供了科学方法和工具支撑，引领狮山教育走向"一校一特色，一校一品牌"。

万贯"。全国各地的年会、研讨会都有主题、有报告、有课例、有论坛，学校充分利用这些活动资源，打开教师的视野，点燃教师研究的激情。

教师们很快也体验到实验的甜头。还记得，首批实验教师之一的潘蕾伊老师，是从初中转到小学任教，过去总不苟言笑、课堂很沉闷。参与实验后，她和孩子们的交流越来越多，孩子们也慢慢喜欢找她聊天了。教学中，她把自己融入课堂，融入到孩子们中，课堂气氛也越来越活泼。一下课，孩子们还回味无穷地跟她交流学习感受。孩子们说："潘老师，你笑起来真好看！"听课教师也赞叹说："小潘老师终于会笑了，课堂也变得有童趣了。"

另一位实验教师罗绚也激动地说："不少孩子在课堂上表达得不够尽兴，下课还意犹未尽。即使课间只有喘口气的十分钟，都被孩子们围着表达自己的独特见解。"

在实验理念指导下，教师们把课堂还给学生，不仅激活了课堂，也点燃了学生的学习热情。就这样，学校掀起了学习研究行动的热潮，教师们都积极争取成长的机会。

暗 流 涌 动

可是，实验的过程并非一帆风顺，教师们很快体验到成长的阵痛。实验进入第二个学期，因为不习惯直面问题的研讨方式，实验教师们有点低迷。有的教师一听到专家到校就紧张，面对专家评课也觉得浑身不自在。

那一段时间，实验教师的自信心沉到了谷底。看着这一情形，我也不禁反思："是我们选择改革错了吗？我们的问题出在哪里？"为此，我组织教师们进行讨论，"新基础教育"实验到底还干不干？

说实话，大家真是纠结。一方面，参与实验的确有利于教师成长，有利于提升学校教研氛围，有利于名师的打造与培养，有利于学生的发展，也能促使学校管理层与教师不断学习新的教育理念，让每一个教师都有自我革新的平台与机会。但另一方面，实验节点活动频密，压力大，教师身心疲累，参与实验的教师未能最大化享受优越感，也未能全身心投入实验。

通过研讨，我也找到了实验遭遇"瓶颈"的根本原因，那就是骨干教师不稳定、常态与节点研究"两张皮"，导致教师们疲于应付，心态也逐渐出现了问题，实验态度有些功利，实验过程虎头蛇尾。

找到了问题，困难也就好解决了。我们需要的是改变心态，建立走出舒适区的困难意识；充分认知工学矛盾，实现融合发展；激发内驱力，改变我们的思维方式。

峰 回 路 转

正在这时，实验专家卜玉华教授也给我们找了一所对标学习的学校——深圳市光明新区玉律小学，引领我们勇敢向前迈进。

2019年9月19日凌晨，天空偶尔有点点星光，像眨着眼睛，偷看着我们这群准备出行的伙伴。五点半，每个人都忘却早起的疲惫，踏上了深圳之行。

早晨9点多，我们走进了玉律小学，看着在王婷校长的带领下，老树发新芽式的校园文化重塑，细细聆听王校长讲述"新基础教育"的"痛"与"乐"，我的内心深感安慰。王校长告诉我们："你们的现状，我们也同样经历过，不要怕，'新基础教育'就是这样，只要你想做，你肯做，你认准了做，就一定能做到的！"王校长的话像定海神针，给我们注入了动力。

接着，我们用对标学科交流的方式走进每个领域，大家分成"管理、语文、数学、英语、综合、学生工作"几个大组，在"自研中心"各自围坐一起，静静地交谈着，感受着心灵的碰撞。从下午2:30至5:00，大家连上个洗手间的时间都舍不得花，像一块海绵，拼命地吸着水分。

两天的交流，使每一个老师都感受到：真诚、真心、真做事、做真事，就真的能在成事中成人。两天的精神洗礼，真实地改变着我们；让我们重新审视自己加入"新基础教育"研究以后的误区。

随后一段时间，实验教师们辗转在上海、河南、山东、深圳等地，每次观摩都收获满满，教师们忘我地投入，舍不得浪费一点儿时间。当我们勇敢地直面问题，团队愿景一致，学习研究行动融为一体时，什么困难都不是困难，什么怨气也都灰飞烟灭了。

鲜 活 生 长

既然选择了继续推进实验，我们就"真学、真懂、真信、真用"。管理人员和教师卸下包袱，参与到"学研行"之中去。无论是日常推进还是节点活动，学校尽量为每一位教师提供方便，让他们全程参与。三个梯队的教师随着骨干教师，回放着、追问着、思考着教育教学的每个环节，不仅仅是教学过程本身，更多的是隐藏在日常教学中不为大家所关注的教育细节、教育智慧与教育立场，同时也是对育人价值的追求。

管理者的改变，不但成就了他人，也成就了自己，学生发展研究中心的李带崧主任深有感触地说："过去，我们德育处每天忙着处理学生日常学习与生活的烦琐的事，忙不完的检查，写不完的总结，处理不完的问题。但这一年多来，我们的工作理念和方式都在改变，我们开始思考：何为学生发展研究中心？我们是否在想学生的发展？该怎样发展？从哪里开始发展？谁来支持学生的发展？"

慢慢地，教师们的思维方式和工作方式都在改变：以"TMEI"开启每一周主题式校本研修，在"学研行"中主动发现问题、分析问题、解决问题；以"岗位建设"实现学生自主管理，让学生站在学校中央，让学校成为生命场；以"年管会"把管理重心下移到年级，让级长组织、策划、反馈年级的师生活动……

教师在一次次的感性抒发与理性碰撞之中，重新审视自己成长、调整自己的状态、更新自己的行为。

经过三年的"新基础教育"研究，从欣喜，经历阵痛，到喜悦，那是一种成长拔节的勇敢过程。学校最大的变化是人在变、意识在变、观念在变、行动在变。三年来，学校副高级以上教师从1人增至7人，镇级以上名师从9人增至22人。学生在镇信息学竞赛中蝉联冠军，在南海区文艺汇演中连续三年荣获金奖，综合素养评比获得南海区核心素养二等奖。

每一项改革，都需要勇气与韧性。参与"新基础教育"实验，让我们懂得了，基于生命的立场去做教育，把学习、研究、行动融为一体，享受学习生活的快乐，让校园成为师生喜欢的乐园。

同样的机遇，不一样的精彩。在松岗中心小学，校长刘大治借助加入"新基础教育"实验的难得机遇，实现学校的全面转型升级。"新基础教育"为他们提供了国内一流的专业支持，在校园文化、教师素养、课堂教学、课程建设以及办学理念等方面带来全方位的精神洗礼。

来到松岗中心小学以后，刘大治带领教师们深入梳理学校历史，重新确立学校的办学文化，经过集思广益提出"乐雅教育"办学理念。

"小学教育应该是'既乐且雅'的，我们的师生应该在'乐学乐活，雅言雅行'中实现精神成长，成为'更好的自己'，让校园成为一个幸福、美好的所在。"刘大治说。

同小塘中心小学一样，加入"新基础教育"实验以来，松岗中心小学的教师们付出了许多艰辛的努力，也经历了极其痛苦的课堂转型和自我调适，有汗水、有泪水、有困惑、有迷茫。但他们毫不懈怠地坚持下来，借助实验实现自我的精神嬗变。

学校创新"乐雅教育"的实践载体，利用校门口的空地，开辟了种植园，从"开心农场"到"本草园"，最终开创了极具特色的"本草课程"，被专家称赞是本土化的STEM课程。他们还引进图书驿站，建设书香校园；借助"新基础教育"，打造"乐雅课堂"；改革学校组织模式，实施扁平化管理；开放学校教育，推进家校共治……

2018年12月，在中国教育科学研究院的会议室里，一场全国课题开题论证会如期举行。面对来自各方的教育专家，松岗中心小学的课题《STEM教育课程建设校本课程设计与实施》顺利通过评审，正式被确定为国家级课题。学校从"乐雅教育"理念出发，以本草课程、创客课程和科技漫画等三项课程创新载体为支撑的STEM课程改革实践，得到了与会专家的一致认可。尤其是对于本草课程的设计理念和实施思路，专家们赞赏有加，称之为是本土化、原创性的中国STEM课程。

在"新基础教育"实验理念引领下，松岗中心小学从最初的种果种菜到以中草药种植为主题，从劳动实践基地到中医药进校园，从课外教育资源到多学科融合的校本课程变革，就像一粒不经意间落土萌芽的种子，悄然冒出小芽，日渐苗壮，长势喜人，成了学校改革园地里的一棵奇花异草。创新实践背后，是学校一串让师

生们自豪的闪亮足印："全国STEM教育种子学校""全国中小学
科学教育示范学校""广东省书香校园""佛山市武术传统项目学
校""佛山市粤剧特色学校""南海区高效课堂示范学校""南海
区艺术特色学校"……

作为一所曾经的乡镇小学，今天的松岗中心小学可谓是"酒香
不怕巷子深"。"乐雅教育"有了越来越多的知音和赏识者，师生
们开始越来越多地走向全国舞台。这几年，学校先后承办或参加了
省内外以及市区的十多场研讨会、现场会，先后有周边市县的校长
班学员来观摩学习。在南海区组织的中美校长交流洽谈活动中，松
岗中心小学的办学实践受到美国同行赞赏，来自北卡罗来纳州和弗
吉尼亚州的两所学校当即决定与松岗中心小学签订合作备忘录。

参与"新基础教育"实验，给狮山教育带来丰厚的收获。如
今，更多学校被"新基础教育"实验吸引，对实验理念深感认同，
自觉加入改革实践的行列，我们也聘请实验专家、华东师范大学李
政涛教授为狮山教育顾问，经常邀请他来对狮山教育发展"问诊
把脉"。

更可喜的是，随着校长们的视野日渐开阔，不仅仅是"新基础
教育"实验，越来越多的高水平教育科研课题被引入狮山镇的学

校，校长和教师们在深度参与中得到全方位的提升，更有一批微课题研究纷纷涌现，在潜移默化地改善着狮山教育的内涵与品质。

从办学特色，走向文化自信

2019年1月，作为全镇教育系统的重点项目引进人才，许贤苏校长来到狮山承办狮山实验学校，一时引发各方关注。

曾任南海区大沥实验小学校长的许贤苏，经过近20年时间，把一所普通的乡镇小学办成了省内乃至国内都有很高知名度的品牌学校，也逐渐形成了系统的教育思想理念，先后获得"中国好校长""南粤优秀校长""南海区首席校长"等殊荣。

来到狮山镇后，凭借独特的办学理念和成熟的教育经验，许贤苏仅用一年时间，就把狮山实验学校办成家长向往、社会赞誉的知名学校，学生人数迅速飙升到2900多人。学校不仅拥有一流的硬件条件，有国内先进的智慧校园系统及终端设备，有国际标准的室内恒温游泳馆、开放式多功能图书馆、科技体验馆、国际教育中心、文化艺术中心等硬件设施；更重要的是，学校的校园文化、特色建设、教育管理、课程建设等也令人赞叹，处处体现视野国际化、思想人本化、技术智能化、课程多元化、管理精细化，形成了"卓越校长培训基地+专业教师发展基地+卓越学生成长基地"三位一体的发展格局。

在狮山实验学校，许贤苏校长提出"有气质，更卓越"的育人理念，以先进的办学思想、高端的办学定位、顶配的办学条件、卓越的教师团队、多元的课程构建、广阔的发展平台引领师生高质量发展，打造面向未来的现代化体验式学校。

学校的个性化培养，让学生彰显"从平凡走向优秀，从优秀迈向卓越"的发展态势。虽然学校开办时间不长，但是已经有一批学生在广东省和全国各项竞赛中过关闯将、捷报频传，学校教学质量也在全镇名列前茅，学校的线上教育和专题活动多次登上"学习强国"平台。

"校长要有气场、有气势、有气魄，才能办出一所与众不同的好学校。"这是许贤苏校长独到的教育感悟，"学校之所以一开办就成为名校，踏上发展高速公路，源于狮山镇打造'岭南教育名镇'的大格局、大情怀不断点亮着我。"

许贤苏的到来不仅让狮山镇多了一位名校长和一所名校，也引

187

发了"蝴蝶效应",目前全国各地已有100多位校长加入狮山实验学校发起的卓越校长联盟,佛山市南海区、惠州市惠城区、清远市英德市、韶关市乐昌市、韶关市新丰县等地也相继建立了实践许贤苏教育思想的教育基地。近年来,许贤苏校长应邀在北京、西安、深圳、广州等全国大型会议或论坛上分享教育理念与经验。

一座有理想的教育城镇,需要像许贤苏校长这样一批有教育情怀、有独特办学理念、有特色办学实践的校长,共同支撑起狮山教育的高位发展,彰显出狮山教育的文化自信。

近几年,我们通过"顶层设计"去推进学校倒逼式的改革创新。我们制定全镇教育创新发展的五年规划,出台一系列激励方案和措施,设立每年逾3000万元的激励资金,用"十大计划"来构建"学研行"教育管理新机制,成立"岭南教育名镇研究中心",专门研究各计划落地策略和实施中出现的问题及其解决方法,建立27个"名师工作室",用"主持人+兼职教研员""专业引领+行政驱动"等创新模式,发挥名师、名校长的引领作用。

我们也欣喜地看到,有越来越多的校长在个人专业成长和学校团队研修中变得得心应手,逐渐找到适合本学校的独特发展路径。

狮山镇明阳小学,是一所接纳外来务工子弟的"新市民学校"，学生来自全国各地，家长工作的不稳定使学生流动性较大，教师队伍也不太稳定。

在"学研行"组织理念引领下，校长黄素廷希望通过带领全体教师开展学习、研究与行动创新，改变学校格局与现状。

面对教师趋于年轻化、骨干教师稀缺的发展劣势，学校通过派教师轮流外出培训学习、聘请专家教授进学校、与官窑中心小学结对等方式促进教师成长，教师的幸福感和归属感日益增强。

学校发展的出路到底在哪里？在黄素廷的苦苦寻觅中，一个契机不经意地降临了。一次大课间活动，一个学生突然晕倒，班主任连忙把学生带到阴凉处休息。教师们反映，这样的现象时有发生。"现在的孩子体质这么差，没有健康的体魄，怎么能完成好学习任务，将来又怎么应对人生路上的挑战。"黄素廷进行反思，怎么改变这种状况呢？不久后一次校园巡查，看到一个学生正在给同学们进行武术表演，一招一式引来阵阵喝彩。黄素廷走过去问学生："你们都喜欢武术吗？"

"喜欢，只是没机会学。""我也想学，武馆离家太远。""学武术太帅了，要是我也会就好了。"学生们七嘴八舌地说。

听着孩子们的回答，黄素廷眼前一亮。佛山是闻名天下的武术之乡，有着悠久的历史和优良的传统，可否引进武术课程，在传承岭南优秀文化的同时，也圆孩子们的"武术梦"，增强他们的体质。

有了这个想法，黄素廷立即行动起来，带领行政团队查阅各种资料，在网上阅览了大量有关资料、视频，又利用周末时间走访周边武馆，观摩教练上课，向资深的教练请教，并邀请武术教练对全体教师进行武术知识普及，试着给学生们上武术课。

经过甄选与权衡，学校最终决定选择少林拳作为武术课的内容。少林拳是吸收各种武艺之长而形成的拳术，风格独特，动作刚健有力，练习时要求头端面正，眼神专注，开胸直腰，能有效促进青少年骨骼健康生长发育，改善身体的协调性和柔韧性，同时又十分注重武德，这对学生的身心成长都有很大裨益。

就这样，学校制定了武术课程开展方案及规划，很快在全校正式启动了武术课程。

刚开始，情况并不乐观，听说学校开设武术课，家长们很有意见，担心影响孩子学习。有一个六年级学生，天生好动，不爱学习，学校开设武术课后，他格外兴奋，在武术课上特别投入。可是他的家长却不乐意，跑到学校找班主任抗议："我是送孩子来这里学习文化知识的，孩子成绩本来就不好，每天作业都写不完，哪有时间学武术，影响了升学怎么办？"

面对家长的诘问，班主任心平气和地跟他沟通，说明学校开设这门课的初衷，让他了解武术对孩子身心发展的积极作用，在教师的耐心劝说下，家长勉强同意孩子参加武术课的活动。刚开始，不少家长都对武术课持观望状态，为了说服他们，教师们经常将孩子们上武术课的照片和视频发在家长群里，让他们了解孩子武术课上的精彩表现。慢慢地，因为孩子们身上的变化，家长态度有了转变。

特别是那个六年级男孩，自从学习了武术，很快成了学校里的"武术小明星"，被武术教练夸赞是一棵习武的好苗子。孩子的自信心有了极大提升，在文化课学习上也变得更加专注、更有自信，在课堂上也能坐得住了。这种令人惊喜的变化，彻底打消了家长的疑虑。

武术课开展一段时间后，新的问题又来了。随着最初的新鲜感过去，学生们对武术的兴趣有所下降，每节课都要重复地弓步、马步、踢腿、压腿等基本功练习，高强度的训练让他们心生疲倦。发现这一情形，黄素廷立即召集武术教练和班主任开会，研讨如何让学生真正喜欢上武术。一番商议，教师们提出，要改变现在的武术课模式，增强课堂的趣味性。

如何改变武术课堂？教师们展开学习研讨，一方面改变课堂教学的策略技巧，巧妙地融入一些游戏或者竞赛环节；另一方面，班主任利用班会课、活动课，播放武术节目短视频，组织学生进行讨论，让他们明白"台上一分钟，台下十年功"的道理。同时，教师还尝试让武术课上学得好的学生担任小老师，在课外辅导其他学生。就这样，学生们学习武术的兴趣逐渐被激发起来，武术课上学得更加投入了。

但仅有这些还不够，黄素廷觉得，还要给学生提供更多的展示舞台。他组织教师自主创编了具有校本特色的三套武术操"中华小子""精忠报国""中国人中国字"，改革大课间活动。这样刚劲有力又富有韵律的武术操，深受学生喜爱，成为校园里一道独特的风景。

在全面普及的基础上，明阳小学又成立了武术表演队，利用课余时间传授剑术、棍法、舞旗、舞扇等武术技艺。2019年，明阳小学的武术节目《功夫少年》受邀参加第十一届少儿慈善春晚"让爱传出去"，孩子们漂亮娴熟的空翻、五步拳和连环拳口号声激昂响亮，步伐矫健有力，动作规范整齐，赢得在场观众的阵阵掌声，充分展示了中华武术的精髓和神奇。

就这样，武术教学成了明阳小学的办学特色，从外到内改变了明阳小学的孩子，让他们更加阳光、快乐、健康、自信。孩子们的转变，也让教师们在这里体验到更大的职业价值，与学生一起幸福成长。

在狮山镇石碣幼儿园，园长严华雨在外出学习时，观摩了一场幼儿篮球赛后，被孩子们在篮球场上的精彩表现深深地打动了，决心将篮球运动也引进自己的幼儿园。

万事开头难，听说要开展幼儿篮球，教师们都在摇头。原因很简单，她们自己都不会，怎么教孩子们呢？但严华雨园长态度很坚决，别人能做好的事，我们为什么不能呢？为此，她决定先从培训教师入手。

当时的石碣幼儿园，没有篮球专业的师资，没有教学资源，更没有相关的教学经验，面对这些困难，他们将篮球融入晨间活动、户外活动，以游戏的方式促进篮球课程的教学。园里开展专题研究，一起商讨如何让篮球变得好玩。教师们设计了各种各样的篮球游戏，然后他们自己先进行体验，发现问题及时改善。一段时间后，对篮球一窍不通的教师们开始喜欢上了篮球。

眼看教师们的心气儿起来了，严华雨园长又趁热打铁，邀请专业篮球教育机构的教练来对全体教师开展篮球培训活动。培训现场，教练以炫酷的篮球技能示范游戏的设计。培训过程中理论结合实操，分别带教师们进行了行走拍球、单手拍球、左右手交替拍球、抛接球、运球、投篮、传接球、花式绕球……为了让大家熟悉基本的技能动作，教练设计了"蚂蚁搬豆""篮球炸弹""毛毛虫"等游戏。

在快乐的游戏体验中，教师们对篮球游戏活动有了新的认识，也通过培训有了很大的进步。培训活动结束后，园里及时组织教师们进行活动反思。

李老师在培训心得中写道："通过这次篮球培训，我对篮球游戏有了新的认识，幼儿篮球运动涵盖了跑、跳、拍、投、传球等多样形式，玩的同时也能培养孩子们勇敢、顽强、果断等精神，篮球游戏需要将自身融入集体中，可以培养孩子们的集体观。现在才知道，原来篮球是一种可以给人带来快乐的运动，我要让更多的孩子喜欢上篮球游戏！"

万老师感慨地说："如果不参加培训，怎能学会这么多篮球游戏的玩法？原来篮球这么好玩，相信我们班的孩子肯定会喜欢上篮球的，感谢园长给我们提供的宝贵学习机会。"

教师们的热情已经点燃，接下来就是应该怎样组织孩子开展篮球活动了。严华雨园长和教师们又进行篮球教学活动的集体备课，一起在研讨中集思广益，设计了丰富多彩的篮球活动。

半年的时间过去了，石碣幼儿园的教师和孩子都爱上了篮球，在活动中体验到了运动带来的快乐。

年轻的孔老师一直体质较差，刚开始接触篮球的时候，她对篮球一点儿都提不起兴趣，但随着篮球教研的开展，孔老师在教研活动中变得越来越积极，甚至还创造了好几种篮球游戏的新玩法。在一次篮球教学教研活动中，孔老师和孩子们创造的篮球游戏让观摩活动的教师都眼前一亮，纷纷参与到好玩的游戏中。这节课得到教师们的一致好评，孔老师脸上洋溢着幸福的笑容。

最让孔老师开心的是：自从和孩子们一起参加篮球游戏活动后，自己身体素质也大为改观，感冒、咳嗽都少了。是篮球让她的身体变好的，是篮球让她成为孩子的好伙伴，一起享受幸福的教育。

孩子们的成长变化，同样令人无比欣喜。一个叫宏宏的小男孩，性格比较孤僻，总是喜欢独来独往。每次在开展游戏活动的时候，他都是一个人在角落坐着。有一次，孩子们都在开心地玩篮球，宏宏站在一旁目不转睛地看着，好像也想和同伴一起参与其中。看到这一幕，教师当即走过去，邀请宏宏和他一起拍球，一边拍球一边鼓励他。那天，宏宏玩得很开心，之后他开始慢慢主动参与篮球活动了，球拍得越来越好，在篮球场上也有了不少朋友，学会了与同伴互动交流。过去很少说话的他，现在变得自信了，其他活动也能大胆参与。

看着现在变得自信、活泼的宏宏，教师们不禁感慨：每个孩子都是不一样的，篮球让我们重新认识了孩子，找到了改变孩子的契机。

一年后，佛山体育馆开展"萌动杯"幼儿篮球比赛，石碣幼儿园积极报名参加。在比赛场上，小队员们积极运球、勇敢拼抢、果断投篮，一招一式都透着专业的架势，以出色的成绩进入4强。幼儿的精彩表现吸引了家长和现场观众，在大家的喝彩和助威声中，孩子们越战越勇，最终夺得比赛冠军。

从这样的校长、园长身上，从这些学校和幼儿园中，可以看到狮山教育近年来的显著变化。这些教育管理者胸怀新的思考和追求，在自我点亮的同时，也在点亮教师、点亮学生、点亮校园，进而点亮家庭和社会。在这样一支改革中坚力量的带动下，狮山教育正走出一条"学研行"组织建设的智慧之道，在"和美博爱，点亮未来"的生命自觉、教育规划和文化创新中，迎接更美好的未来。

教育需要理想的指引，一个好校长不能没有教育理想。只有用理想观照现实，才能不断超越过去和现在，超越他人和自己。我衷心期盼，在这些校长中，能产生出一大批教育家型校长，响应人民的期盼、社会的关切、时代的呼唤，扎根岭南这片改革热土，积极探索更有特色、更具引领性的教育实践。

第五章 让教研焕发生命活力

2020年5月，新冠肺炎疫情后返校复课第一天，南海区区委书记来到狮山镇检查学校工作。看了各学校科学、有序、细致的教育安排，闫昊波书记不吝点赞。

新冠肺炎疫情暴发以来，狮山教育人迅速作出反应，尤其是由镇心理健康教育教研员、各校心理健康教育教师及班主任组成的一支心理健康教育团队，通过提前研判、分工协作，为教师、学生、家长和社会各界有序提供了丰富而有效的心理援助，也为狮山教育安然度过这段特殊时期发挥了重要作用。

"随着疫情持续，大家难免会滋生焦虑、担忧、恐惧等情绪，这时候保持良好的心态尤为重要。"狮山镇心理健康教育教研员钟剑涛说。为此，她带着心理健康教育团队及时送上一份心理防护指引，并开通心理援助热线，提供咨询服务。居家学习期间，钟剑涛和她的团队先后推出多节网上心理健康教育课，她也被师生和家长亲切地称为身边的"心理守护天使"。

突如其来的疫情，更像是狮山教育的"试金石"，彰显出狮山教育人良好的专业素养。追根溯源，几年来，以"学研行"组织建设为方法指导，狮山镇改革创新区域教研模式，推出了"专业引领+行政驱动"的全新教研模式，真正形成了富有活力的教研机制。同时，我们改革学校内部的科组建设、备课组建设，也使得学校里像雨后春笋一般，冒出许多形态各异、各具特色的学习共同体、研究共同体、项目共同体，通过行动研究改变着大家的工作习惯，也潜移默化地提升着狮山教育的品质和内涵。

如今的狮山镇，27个"名师工作室"的主持人带领着27支由优秀学科教师组成的研究团队，承担起各自学科在全镇的教研工作。他们深耕一线教育教学，用自身良好的教科研能力素养，发挥着引领示范作用，像星火燎原一般点亮更多教师，让教育科研这把火越烧越旺。

与此交相辉映的，是越来越多的教师被激活、被唤醒，他们成为变革学校教育科研的强大生力军。我们提出，要把"学研行"组织建立在学校科组、备课组中，改变学校日常的教育研修机制。令人惊喜的是，许多学校又自主、自发地诞生出许多"民间组织"，教师们的学习力、研究力和行动力都有了显著提升。

苏霍姆林斯基曾说："如果你想让教师的劳动能够给教师一些乐趣，使每天上课不致变成一种单调乏味的义务，那你就应当引导每一位教师走上从事研究这条幸福的道路上来。"

很显然，在如今的狮山镇，越来越多的教师正幸福地走在这条研究之路上。

"专业引领＋行政驱动"，让教研活动"真"起来

高质量的教研工作，是一所学校实现高水平、可持续发展的生命线，也是一位教师提升专业素养、成长为名优教师的加油站。对于一个区域的教育来说，更是不可或缺的教育发展原动力。

在我看来，狮山教育率先推出的"专业引领＋行政驱动"的教研机制创新，具有重要的意义：一方面，这是让镇级教育行政部门回归教育教学主业、提升教育管理专业性和科学性的关键举措。另一方面，也有利于镇域各学校实现资源共享、抱团发展，实现校际优质均衡发展。

镇级教育部门，原本就是为了加强对镇域内学校的业务指导，发挥集中教研、联片教研的功能，提升镇域内学校的办学水平和教育教学质量而产生的。它不仅仅是一级上传下达的行政机构，更应该是一个具有专业权威的业务部门。但是，随着镇域内教育规模的扩大，管理事务日渐繁杂，镇级教育部门的业务指导功能日渐弱化，专职教研员的身份也发生异化，管理重心逐渐偏移。

在这种情况下，改革镇域教研机制，通过"专业引领+行政驱动"，既盘活了"名师工作室"这一重要教育教学资源，赋予工作室主持人更大的职责权限，同时也发挥原有专职教研员的角色优势，弥补工作室在行政管理力度的不足，各司其职，把教研工作落到实处。

与传统的联片教研不同，狮山镇教研机制创新以学科教学为单位，将名师引领、资源共享常态化、机制化。全镇27个名师工作室不仅覆盖了中小学的各个学科、各项工作（包括班级管理、心理健康、校长发展），而且以"名师工作室"团队成员为核心，通过赋权与赋能，将镇域内各学科的教研工作推向了主题化、系列化，让名师的教学方法和理念看得见、学得到，打破了校际壁垒，组成了发展共同体，真正让每一个教师、每一所学校都受益。

"独行远，众行速"。我们希望通过教研机制的创新，提升镇域治理水平，形成优秀教师不断涌现、优质学校齐头并进的优良教育生态。

可是，这样美好的教育愿望能否在教育实践中落地？"名师工作室"能否承担好团队教研、共同发展的新使命？行政部门又能否适时转变职能，提供必要的资源支撑和行政保障呢？

2019年10月，狮山镇"小学英语名师工作室"在罗村实验小学挂牌成立，工作室主持人是该校英语学科组长赖舜茹。作为学科教学名师，赖舜茹十分注重教学方法创新，把项目式学习、思维导图等新的学习工具引入英语教学，使该校英语教学形成了鲜明的特色。

在挂牌仪式上，赖舜茹激动地表示："担任镇'名师工作室'主持人，是一份光荣、一份责任，我将与志同道合的教师们一起，秉承'学研行'幸福教研理念，开启属于英语教师研究团队的幸福之旅。"

两年来，从负责校内英语学科组教研，到引领全镇各小学的英语学科教研，这条路一度走得磕磕绊绊，赖舜茹曾经有些迷茫，但经过反思，慢慢转变角色，找到了一条有效的学科教研路径。

工作室成立后，赖舜茹带着她的骨干教师团队，翻阅了全镇英语教学的历史资料和总结数据，寻找小学英语教学的问题突破口。大家一起思考：这个骨干教师团队可以给教师们带来什么，教师们需要的又是什么？

挂牌一个月后，工作室召开第一次集中会议，赖舜茹和来自各小学的12名工作室骨干成员提出自己的设想，开展"项目式"教研活动，实行真研究、真行动，促进小学英语教师专业能力提升。

"什么是'项目式'教研？没有听说过。""我们学校有自己的教研方法，效果也不错。"教师们众说纷纭。对这些具有成熟经验的教师来说，面对改变多少都有些排斥。

对此，赖舜茹早有心理准备，等教师们安静下来，她继续说道："我知道大家可能会不习惯，可是如果我们不改变，如何去引领全镇的小学英语教研？不懂就要学习，不能因为不懂就不去学习、探究。"

这时候，负责"行政驱动"的狮山镇英语教研员李瑞冰说话了："各位同事，大家既然是'名师工作室'的骨干，就应该成为学科教研的先锋，先行先试，把更多老师都引领带动起来。"

在她俩的鼓动下，教师们不再有异议，专注地倾听赖舜茹讲解

"项目式"教研的活动安排和操作流程。

"项目式"教研活动，实际上就是一种有效的行动研究方式。赖舜茹把工作室12名教师分成三组，布置了一个"冲破自我，打开集体备课之门，绘制小教研活动电子蓝图"的项目式作业。要求大家利用两周时间，走近同事进行调研，梳理各自有效的教学方法和特点，生成电子蓝图，在随后的教研活动中进行分享交流。

"哦，原来'项目式'教研，不是让我们丢弃原有的方法，而是让大家优化原来的方法。"一位教师恍然大悟地说。

"赖老师，我觉得是不是还可以对学生进行调研呀？毕竟教学是否有效，学生感受最直观，是有发言权的。"另一位教师建议说。

就这样，大家的思路逐渐打开了，围绕如何搞好这次教学调研，提出了许多好建议和好方法。大家也有了做好教研改革的信心。

看到这一切，赖舜茹对"项目式"教研活动的前景也有了更多期盼。当然，项目推进的过程中，免不了有的教师不理解，或进展不顺利。碰到这些问题，赖舜茹就抓住契机，把教师们的困惑变成研讨的题目，教师们分成两组展开辩论。真是"理不辩不明"，大家在各抒己见的同时，对问题有了更全面、透彻的认识，也自然打消了心中的疑虑。问题该怎么解决，往往不需要赖舜茹作过多解释，彼此的答案早已"心照不宣"了。

在推进"项目式"教研的过程中，赖舜茹也慢慢发现，许多教师不是不愿意改变，而是习惯了曾经的"舒适区"，总担心跳出来以后无所适从。为此，她总是满怀信心地激励他们："我知道大家有顾虑，没关系，我相信大家一定能出色完成项目，也会在合作中找到乐趣。"

就这样，教师们慢慢打消顾虑，越来越投入。大家建立了"项目式"教研的工作群，然后分成不同研究小组，自主推选出小组长，定期召开小组会议，推进项目进展，有问题自觉在工作群内讨论解决。

当这些小学英语教师勇敢地走出工作"舒适区"，才惊喜地发现眼前豁然开朗，有了志同道合的伙伴，有了新的专业目标。

我想，有时候真的不是困难有多大，而是在困难面前，如何找到方法路径，学会勇敢面对。当梦想被点燃，一切皆有可能。

从那以后，赖舜茹经常会在工作室微信群里推送一系列项目活动的资源包，让教师们自主利用APP软件、小程序、编辑器、拍摄技巧等进行学习，尝试绘制图文并茂的教研活动电子蓝图。她也会分享一些理论书籍和文章，开阔大家的研究视野。为解决教师们不能时常聚在一起研究的难题，赖舜茹推送了制定项目"计划书"的样本，引导他们有计划地完成项目。

有一段时间，群里的教师们都"一声不响"，十分平静。这是怎么回事？赖舜茹内心难免有点嘀咕。

赖舜茹决定主动出击，联系了各项目组的小组长，大部分的小组都运转良好，只有一个小组出了问题。组内一名教师由于学校事务较多，加上电脑操作不精通，感觉"项目式"教研太耗费精力，绘制电子蓝图也很麻烦，于是就有点想"打退堂鼓"。小组长善意劝解，对方仍无动于衷。因为这种情况，整个小组内气氛沉闷，项目进度大受影响。

该怎么处理呢？专业发展是个人的事，如果自己没有意愿，是不是可以放弃这样的教师呢？赖舜茹陷入思考，一番思想斗争，她觉得作为工作室主持人就应该对每一个成员、每一所学校"不抛弃，不放弃"，协助小组长做好沟通，不让一个教师在"项目式"教研中掉队。

赖舜茹拨通了这个小组组长的电话，一番推心置腹的长谈，和她共同寻找解决问题的办法。两人一起换位思考，从那位教师的立场出发，设想她的需求和工作感受，讨论怎么去帮助她、推动她。

沟通过后，小组长恢复了信心，很快有了"妙招儿"。她发现那位老师喜欢拍照，而且在这方面很有心得，就虚心地向她求教，请她担任小组的电子蓝图设计总监，指导大家如何拍好照片和处理图片。那位老师找到了自己的"用武之地"，在小组活动中也越来越有积极性。

像这样，在推进教研新模式的过程中，赖舜茹和她的工作室团队遇到各种困难，又合力解决困难，在解决困难的过程中，她和团队成员收获了成长智慧，也体验到成功喜悦，更学会了如何在团结、包容、共享中一起成长。

教研工作的意义是什么？从这里，我又看到了另一重含义，那就是团队的相互激励、相互扶持、相互成就，是"一棵树摇动另一棵树，一朵云推动另一朵云，一个灵魂唤醒另一个灵魂"。让我同样深有感触、深受感动的，还有初中道德与法治"名师工作室"主持人李祖英及她的教研团队。

还记得2018年11月，我去罗村第二中学做报告，一上来的开场白就是："请问'南粤优秀教师'李祖英在哪里？她今天来了没有？我很想认识她。"

那一年9月，李祖英荣获"南粤优秀教师"称号。在罗村第二中学担任政治教师的她凭借优异的教学业绩，先后获得了镇、区、市的诸多荣誉，既是学校的骄傲，也是狮山的骄傲。

那天听了我的询问，一位神情淡定的女教师应声而起。那是我第一次见到她，当天我讲的主题是"学研行"组织建设，于是我笑着问她："祖英，请你谈谈，你是怎么理解'学研行'这三个字的。"问题虽然有些突然，但她略微思忖，简单谈了自己的理解。

从此我对李祖英有了印象，第二年中考，李祖英带领的罗村第二中学政治科组成绩优异，学校的整体教学质量也节节攀升。于是，当年10月在全镇成立的27个中小学"名师工作室"中，李祖英也就顺理成章成为初中道德与法治"名师工作室"的主持人。

最初，对于如何引领全镇道德与法治学科的教研工作，李祖英也是有些信心不足，不知如何下手。幸好，通过我们对"名师工作室"主持人的相关培训，她找到了方法路径，也越做越顺手。近两年的工作中，她深有体会：

2019年10月，狮山镇教育局开展教研工作创新，我有幸成为初中道德与法治"名师工作室"主持人，真是让我诚惶诚恐。我将带领工作室何去何从？心中充满迷茫和困惑。

就在这时候，镇教育局组织"名师工作室"主持人前往东北师范大学进行培训。一周的'东北研学之旅'，让我有机会聆听教育专家的精彩讲座，其中收获最大的要数吉林省道德与法治学科带头人、东北师范大学政法学院客座教授郝淑霞老师的讲座。

虽说初次谋面，我对郝老师却一见如故。郝老师讲座的主题是"名师工作室的品牌建设"，她从"工作室目标定位及三年规划""工作室品牌建设路径""名师培养模式"及"成果化梳理方式"等方面对我们进行深入指导。两个多小时的讲座，让我意犹未尽，可谓是一场"及时雨"，让我对主持人的角色、成长路径、工作室发展方向和建设路径有了清晰的认识，禁不住有点跃跃欲试。

讲座结束后，我满怀感激地向郝老师道谢，还加了她的微信，事后多次向她讨教工作室的课题立项问题，她都不吝赐教。为此，同时参加培训的吴珍老师曾调侃我："看来这次东北之行，你的收获最大。"

培训回来，对于"名师工作室"如何建设，全镇的道德与法治学科教研如何推进，我似乎有了答案。

一次全镇的同课异构活动，我发现一个现象，讲台上的教师沉浸在自己精心设计的教学情境里，教学也不乏精彩。但课室的后面，听课教师有的心不在焉，有的忙着批改学生作业，有的交头接耳，甚至有人低头玩手机。进入评课环节，大家依然故我，评课教师也是满腔套话。

其实这种现象在一些学校的常规教研活动中很常见，但那天，作为活动组织者，我感到很痛心，这种流于形式的教研有什么意义？

如何改变这种流于形式的听评课，让参与教研的老师真正有所收获？我一时不得其解。有一天，无意中看到一篇关于如何进行课堂观察的文章，我越看越高兴，文章对传统听评课的弊端进行了深刻剖析，然后详细介绍了什么是"课堂观察"，为什么要进行"课堂观察"以及如何进行"课堂观察"。文章读完，如获珍宝。

不久后，工作室在英才学校举行名师送教活动，由来自大圃中学的镇骨干教师李淑君老师和英才学校的青年教师陈鑫老师，共同为全镇初中道德与法治老师上了一节"国家好，大家才会好"的新课。

在这次教研中，我们第一次引入"课堂观察法"进行听课、议课、评课。课前，所有老师都领到了观察任务单，按照要求，大家聚精会神观察授课教师的每一个环节，认真记录自己负责的观察内容。在议课、评课环节，基于自己的课堂观察，老师们进行深入交流研讨，如负责教学问题的观察小组，正激烈地探讨两位老师所设计的课堂问题是否科学，是否有梯度，对课堂的生成问题是否及时捕捉？有没有追问学生，追问的问题怎么设置……老师们从未像现在这样认真投入，研讨交流的气氛也从未像现在这样热烈，让我深深体会到怎么样的教研样态才是老师们所期盼的。

在评课环节，谢慧锦老师感慨地说："这次教研活动带给我很大的惊喜，通过课堂观察方式进行专业化的听课评课，这在我们狮山是首创。今天我深刻感受到，真实有效的教研才是我们今后教研追求的方向。"

王璐老师也激动地说："我第一次这么仔细地统计学生单独发言总次数、小组交流次数、学生参与课堂的人数等，这么认真地思考学生的上课状态、内化吸收与老师授课之间的密切联系。"

曾佩瑜老师深有同感："这次的听课和评课提供特定的课堂观察视角，很好地避免了以往听课和评课时候'开小差'现象，参加教研活动的老师不再只是旁观者，可以设身处地感受课堂教学过程。"

作为当天的授课教师，李淑君老师更是感触强烈："这次送课活动带给我最大的惊喜是引入了'课堂观察'进行听评课，对于上课的老师来说，课堂观察给了老师一个方向性的指引——怎样才是一节'有料'、有实效的课。通过课堂观察，可以诊断出课堂真问题，发现有价值的教研课题。"

真是初战告捷啊！"课堂观察"的有效性得到教师们的积极反馈，我们的教研活动"实"起来，我盼望已久的教研的"春天"来了。如今，通过课堂观察进行听课、议课、评课，已成为工作室开展教研活动的新样态，一些学校的学科教研也开始学习和借鉴我们的做法。

"教而不研则浅，研而不学则空。"近两年来，初中道德与法治"名师工作室"以"学研行"为行动路径，坚持问题导向，聚焦教学问题，把解决教学中的实际问题当成有效教研的突破口。

面对全新的挑战，我虽已过不惑之年，工作起来依然精力充沛，每天乐在其中，在"点亮自己"的同时，也"点亮别人"。我很庆幸，自己勇敢迈出这一步，正体验着"一种完整而幸福的教育生活"。

"教而不研则浅，研而不学则空。"这句话说得多好啊！这是我们的名师在真实的一线教研活动中获得的深刻感悟。在2020年新冠肺炎疫情暴发后，面对停课不停学，李祖英和她的教研团队推出多节线上课程，为许多教师解了燃眉之急，在全区、全市都深受好评。而李祖英的罗村第二中学政治科组也被评为2020年佛山市中小学示范教研组。

像赖舜茹、李祖英一样，当她们把解决教学中的实际问题当成有效教研的突破口，教研活动真正"实"起来，让参加教研活动的教师们实实在在感受到"研之有用、研之有得、研之有效"。

这不仅增强了我们坚持将教研机制创新的改革继续深化，以学科教研质量提升促进全镇教育质量提升的坚定信念，而且让我深受启发：我们的教育管理亦应如此，要以问题为导向，以问题为资源，以问题为契机，抓住真问题，研究真教育，这是一种应有的态度，也是一种工作的智慧。

智慧教育引领教研，促学科融合的"狮山答案"

在狮山镇的27个学科"名师工作室"中，"小学智能课堂名师工作室"可谓是最为特殊的一个。

说它特殊，是基于这样两个原因：一是其他工作室都是面向单一学科，而这个工作室却是面向小学语文、数学、英语三个学科，是一个跨学科的工作室；二是工作室主持人和成员都很年轻。主持人是光明新城小学教师李梦清，只有5年教龄，且没有高级职称，其他工作室成员平均教龄也不超过4年。

因为太年轻，李梦清及她的教研团队一度受到质疑。为什么由这么年轻又没有资历的教师担任工作室主持人？一帮年轻教师聚在一起，能干出什么名堂？

老实说，在确定这个"名师工作室"主持人时，我们当然也可以选择经验丰富的资深教师，但最终下决心把这个重任交给李梦清和这些年轻教师，这背后有我们更长远、更深层次的思考。

打造狮山镇"智慧教育"品牌，是我们在全镇教育发展"十四五"规划中提出的"十大重点工程"之一。其中除了升级教育技术装备，建设教育大数据中心这样的教育硬件"大手笔"外，更为重要的是建设一支掌握先进教育理念和技术、具备教育创新意识和素养的现代师资队伍。

我尤其注重的，就是教师打破学科壁垒、实现课程融合的能力，在我看来，这是未来教师不可或缺的一项重要能力。因此，这个"小学智能课堂名师工作室"，就承担着试水课程融合、探索狮山创客教育独特路径的重任。

对于这样一项全新的教育实践，究竟是有经验的教师还是年轻教师更有优势呢？我想，我们成年人都是数字时代的"移民"，而孩子才是数字时代的"原住民"，对于"智慧教育"，对于"未来教育"，更有优势的反倒是年轻教师。他们对新生事物的敏感与快速适应能力，他们的激情、活力与创造性，恰恰是这项教育实践更需要的。甚至，他们没有太多的传统教育经验，在这项使命中也成为一个优势，有利于他们打破条条框框，大胆尝试一些新的教育形式。

因此，在确定李梦清为这个工作室主持人后，我也不断勉励她，要发挥出年轻教师的锐气，大胆开展工作，把这个"名师工作室"、把"智慧教育"做成狮山教育的特色项目。这个年轻人也不负众望，用团队的超常规发展和一系列亮眼成绩打消了质疑，坚定了大家对他们的信任。

"作为一位年轻的骨干教师，我没有太多工作经验，但领导既然把这副重任交给我，我一定会化压力为动力，构建一个可行可信的发展愿景，打造狮山镇智慧教育的'梦想团队'。"李梦清这样说。

当然，与其他工作室比起来，"小学智能课堂名师工作室"确实不容易，大家都没有相关经验，也没有现成路径可参照。三个学科的教师聚在一起，如何开展教研？如何相互融合？"智能课堂"的模式是什么？

让人惊喜的是，这帮年轻人的工作室建设策略也大不一样，既然自己经验不足，他们就充分发挥年轻人善于资源整合的能力，邀请外援、嫁接平台，与黄瑞庄、刘远交、赖舜茹、韩保红的小学语文、小学数学、小学英语、小学信息技术等4个"名师工作室"结成联盟，建立了"教研统一战线"。也因为年轻，他们毫无思想包袱，虚心向"名师工作室"的教师学习，积极参与这几个工作室的活动。其他工作室的名师们对这群活泼可爱的年轻人也都关爱有加，热心地给予指导，使他们大为受益。

跨学科的"智能课堂"，究竟应该是什么样子呢？李梦清最初也是充满疑惑："当时，'智慧教育'教研应该从何处下手，一个个难解的问题让我辗转反侧，夜不能寐。"

正处于困惑之际，镇教育发展中心教研组长徐恩兵的一句话点醒了她："别急于开展工作，不妨先对全镇的相关教学情况摸摸底。"

对呀，没有调查研究就没有发言权！李梦清和团队成员随即对全镇的教师、学生和家长开展了全镇"小学智能课堂"的调研，通过问卷、访谈、抽样听课、电子书包、后台数据等方式，全方位调研"小学智能课堂"的教学现状。

很快，关于狮山镇小学"智慧教育"教师教学现状、家长反馈意见及学生使用电子书包现状的调研报告相继出炉。调查结果显示，"小学智能课堂"的主要问题是教师队伍偏年轻化、整体教学素养不高、教科研能力不强，对"小学智能课堂"的角色定位把握不准确……

深入分析调研报告，李梦清认为，当务之急是提升"小学智能课堂"教师队伍的创新能力。她很快从"名师工作室"定位、个体与联盟、研修主题、建设学习群组等方面拟定了工作室发展规划，着手打造一支有创意、有激情的未来教师团队。

第一次的工作室研讨活动，李梦清向大家解读了全镇"小学智能课堂"的调研报告，确定了"小学智能课堂"的基本教研思路：创新多元教学模式，推动智能课堂发展；加强镇域课程开发，建设优质学科资源；同步开发软件硬件，推动教学系统升级；借力工作室联盟，教研纵横交织双管齐下。

为了让团队教研有深度，李梦清又聘请南海区"互联网＋教学"范式研究专家俞秋雯老师为工作室指导专家，开展了相关立项课题的研究。在课题引领下，李梦清的团队教研思路越来越清晰，他们采用了"阶梯式培养模式"，"雁群"分层培养，主持人培养成员，成员培养实验教师，实验教师影响辐射非实验教师，让教师们与"有思想的队伍"同行，逐渐构建起一个充满创新活力的工作室。

正当工作室运行渐渐走上正轨，李梦清和团队成员摩拳擦掌要大干一场时，突如其来的新冠肺炎疫情，让一切常态教学都陷入停滞。

面对"停课不停学"，许多学科教师都觉得压力倍增，有点束手无策，李梦清和团队成员却从危机中看到了希望的曙光。开展线上教育，不正是"智能课堂"的优势所在吗？他们迅速调整了工作策略，实施线上教研，组织教师线上培训，用好狮山镇"小学智能课堂名师工作室"微信公众号，持续推出工作室成员的线上精品课例。

当抗疫一线的战斗如火如荼时，李梦清的团队也迎来了证明自己的绝佳时机。他们的线上培训课程"智慧备课的'最强攻略'，你get了吗？""快来围观，互联课堂＋云作业""语文综合性学习：中华传统节日""AI（智能）时代，如何进行AI（爱）的教育？"等，一经推出就备受关注，在教师中间广为传播，大家纷纷为他们点赞。

这突如其来的转危为机让李梦清和团队成员深受鼓舞，但同时也促使他们更清醒地认识到自己的短板。

"现有的'名师工作室'培养模式，在方式方法上还是比较单一的，线上教研为我们提供了无限可能，让我们有机会向全国的名师学习。"李梦清分析说。为此，他们及时组织和参与了一系列高水平的网络课程研修："新常态，新思考：'未来线上线下融合式教学与教研创新'云论坛""大数据告诉我们如何内外兼修成为一名优秀教师"，借助全国名师资源，走上"双师教研"之路。

疫情停课期间，李梦清工作室通过构建混合式研修模式，将线上学习和线下实践有机结合，尝试基于网络和数据的教学研究，突破时空局限，真正实现了智慧教育资源的利用最大化。

这样一次学科联盟教研，让狮山教师印象深刻。2020年10月，李梦清工作室联合黄瑞莊小学语文名师工作室以及韩保红小学信息技术名师工作室进行联盟教研。这是她第一次以工作室主持人身份组织大型线下教研活动。

活动前一天，工作室只收到67名实验教师的参会回执。"太可惜了，我们磨了两个月的课，结果只有这么少的人来共享。"工作室成员惋惜地说。怎么才能让更多人共享"智能课堂"的教学资源呢？李梦清当机立断，决定对这次教研进行网络直播。她向小学信息技术"名师工作室"主持人韩保红说明缘由，希望得到他的技术支持，两人不谋而合，当晚就确定了活动的直播方案。

就这样，第二天，这次联盟教研以"双线教研"方式亮相了！没想到，第一场直播就有3000多人在线观看，这个数字不断增长，最终将近5000人观看了活动直播。

联盟教研从此"一战成名"，小学美术、小学科学等"名师工作室"也纷纷表示，可以加入联盟一起"玩"。后来，李梦清工作室又与赖舜茹、刘远交、韩保红等的"名师工作室"多次开展镇域联动教研，不仅实现了工作室之间的联动，而且邀请国内名师在线评课，真正打破区域壁垒，将"智能课堂"的教研成果辐射全镇甚至全区。

这样的教研活动，让大家看到了"智能课堂"的广阔前景。也许随着技术进步，随着教研方式的创新，"智能课堂"将成为未来教育的主流。而李梦清团队探索的"线上直播+线下研磨"混合式多学科联盟教研，可能正代表着新时代教研的新生态、新方向。

2020年，李梦清参加了第七届中国教育创新年会系列培训，这让她更加笃定了对"小学智能课堂"的信心。如今的她正畅想着，让音、体、美等更多学科加入"智能课堂"研究，在更大范围内实现"名师工作室"的联盟，共同研发具有狮山特色的STEM课程。随着狮山教育大数据中心的建设，他们将尝试个性化资源推送、学生个人成长数字档案、学生个性化学习报告和学习诊断等教育教学应用，推动人工智能、大数据技术等与教育教学的深度融合。

"任何发生在我们身边的事情，都是对自己成长和学习的邀请，向美好教育致敬的方式是亲手把它创造出来。"回顾工作室的发展，李梦清动情地说。

的确，面对未来，教育者最好的姿态就是变"被动"为"主动"，时时保持成长性心态，做学习型、研究型、行动型教师；不断探索，不断反思，不断实践。这正是李梦清的"小学智能课堂"团队给我的启示。

与此有异曲同工之妙的，是狮山镇"小学综合实践活动工作室"，工作室主持人是有着丰富教学经验和教育经验的横岗小学综合实践教师叶竞怡。两年来，她所带的学科实现了从被人"视而不见"到"C位出道"的华丽蜕变。

"又大又红又起沙，人人吃过笑哈哈……"欢声笑语中，横岗小学校长汤昌正眉飞色舞地托着一个大西瓜，在综合实践课堂上向学生展示学校"收获节"的成果。

在叶竞怡团队的努力下，狮山镇劳动教育硕果累累。综合实践活动课程、劳动教育课程正真切地走进中小学校园和学生家庭，悄悄地改变着人们的教育观。

可谁知道，"小学综合实践活动工作室"成立时，全镇只有四名综合实践副高级教师，且都是校长或中层干部，镇级综合实践骨干教师一个也没有。那时候，叶竞怡真是"巧妇难为无米之炊"。为此，我曾动用"激将法"对她说："名师不是天生的，是靠培养的，就看你能不能通过区域教研给他们提供成长舞台！"

舞台在哪里呢？在我的指点下，叶竞怡带着她仅有的4名团队成员，拜访了南海区教育发展中心综合实践活动教研员陈劲茹。陈劲茹向她指点迷津："狮山教育体量大，但学校发展不均衡，你们首先要做的是让学校重视综合实践活动，再逐渐形成自己的特色。"

的确，综合实践活动课程实施到今天，在部分学校仍遭遇"视而不见"的窘境。

"让教研成为常态！"这是叶竞怡团队首先要破解的难题。她和四位副高级职称名师，带动工作室成员、学校备课组长和种子教师，为不同成长阶段的教师设计不同的发展路径。

外出研学、与初中结成共生体联盟，构建中小学一体化"学研行"组织，叶竞怡一点一点地夯实综合实践活动课程的基础。在镇综合实践教研员叶肖玲的帮助下，她举办了名师成长分享会，让名师去影响种子教师，唤醒大家对综合实践课程的认知，让综合实践课教师学有榜样，产生成长内驱力。

如何激发学校开展综合实践活动的主动性，培育教育亮点和特色？叶竞怡的团队分析认为，只有构建"学研行"组织，让教师们有共同理想、共同意愿，进而经验共享，形成亮点与特色。

2020年3月，中共中央、国务院印发了《关于全面加强新时代大中小学劳动教育的意见》，通读完该意见全文，叶竞怡喜出望外，她从中看到了综合实践活动课程的发展机遇。

经过充分调研，叶竞怡拿出了全镇8份省级与区级劳动教育课题的立项资料，仔细琢磨每所学校的研究方向，她找到了这些学校的劳动教育亮点，随即将8所课题学校分成四大联盟主体，建立了劳动教育的"学研行"联盟组织。

"一着出新，满盘皆活。"很快，全镇有36所中小学主动报名加入联盟，研究家庭劳动教育的，研究传统文化与劳动教育的，研究劳动教育与创新能力培养的……在工作室组织下，劳动教育"学研行"联盟体定期开展劳动基地建设经验交流、劳动课堂研讨、劳动周活动观摩、劳动教育案例竞赛等活动。在劳动教育中，大家找到了变革学校教育课程的智慧与灵感。

不久，在联和吴汉小学，叶竞怡团队举办了全镇劳动教育课例研讨会。一位教师以广东省劳动技术教材中的"自制有机肥——果皮酵素"为例上示范课，引导学生在课堂上制作果皮酵素。

示范课后，工作室成员展开研讨。中心议题是"这是否一节优秀的劳动课"。大家在研讨中提出，新时代的劳动课不能仅让学生掌握劳动技能，既然国家把劳动课放进综合实践课程里实施，就是要突破传统劳动教育束缚，使之成为综合育人的载体。于是，大家大胆地提出，这节课从教材内容和课堂教学都值得反思，有必要认真吃透《中小学综合实践活动课程指导纲要》，把握劳动教育改革的风向标，构建劳动教育课程新模式。

研讨会结束，叶竞怡团队怀着兴奋与期待，查阅了劳动课实施的大量资料，与区教研员陈劲茹一起探讨综合实践活动课程中的劳动教育实施，在大家一致努力下拿出了新劳动教育的教学设计方案。

让团队成员难忘的是，"世界读书日"当天放学后，他们在罗村中心小学会合，对示范课教师进行"地狱式"的教学打磨，边讨论边模拟课堂训练，"真学习、深研究、实行动"在这里体现得淋漓尽致……没想到，情况突变，这位示范课教师顶不住巨大压力，临时退却，无奈只好更换上课教师。

上公开示范课那天，大家都忐忑不安，这节课线上线下的听众近千人。最终，这节课非常成功，赢得教研员、评课专家和听课教师的一片掌声。

这就是叶竞怡和她的团队的教研故事，虽是一波三折，但回首来路，教师们都实实在在地发生着精神蜕变，各所学校的综合实践活动课也亮点纷呈，越来越受重视，渐渐有更多教师主动加入他们的团队。

这些团队的成长历程也真正说明，仅有教研机制创新还不够，教研项目与教研内容同样需要突破传统束缚，走上创新发展之路。教育的高质量发展，呼唤教育人着眼未来，研究教育规律，破解教育难题，为未来而创新，找到开启未来教育的"金钥匙"。

教科研校本化，让学生成人教师成事

2016年夏天，原来在中学任教的刘大治通过竞聘，成为松岗中心小学校长。新校长见面会上，刘大治畅谈学校未来的理想蓝图，提出"一年站稳脚跟，两年形成突破，三年基本成型，四年形成品牌"的规划。

新建的松岗中心小学，校园很漂亮，美中不足是校园围墙外有一大片荒地，长期以来一直闲置着，长满了荒烟蔓草，堆着废弃的砖头瓦砾，成了一片乱草岗。

这片荒地看起来实在碍眼，但又非学校所有，经多方协调，最终同意学校用作种植园。刘大治和教师们商议，决定在这里种植中草药，称之为"本草园"，并开设了极具特色的"本草课程"。

在我的建议下，刘大治系统梳理了松岗中心小学60多年的办学历史，基于学校新的发展愿景，提出了"乐雅教育"的办学文化理念，倡导在"乐学乐活，雅言雅行"中让师生实现精神成长，成为"更好的自己"，让校园成为一个幸福、美好的所在。

对于这样一位善于创新、善于思考的年轻校长，镇教育局也给予充分支持，经过程序筛选，松岗中心小学被推荐为南海区"新基础教育"实验学校。加入这一国家级教育实验，不仅让学校"乐雅教育"理念的落地有了科学的方法指引，而且真正使一批教师有了更大的成长平台。

2017年3月，长江学者、华东师范大学李政涛教授一行的"新基础教育"实验专家指导团队，第一次来到松岗中心小学，对学校的课堂教学进行了诊断把脉，对学校的教学状况进行"摸底"。经过听课、座谈、访谈、查阅资料，在全面、真实、细致地了解学校现状后，专家们对学校的课堂教学出具"诊断报告"，最大的问题就是"目标知识化，内容碎片化，过程封闭化"！

"专家的诊断真是一针见血，让我们第一次领教了'新基础教育'实验专家坦率、犀利的风格。"该校语文骨干教师兼教导主任袁敏贞老师苦笑道。

　　问题还不止这些，专家们认为，教师们在课堂上"重心"很高，课堂"牵引"严重；缺乏资源意识，教师教材分析能力、学情分析能力、倾听能力、回收资源能力很薄弱；轻生活语言重读写，轻听说重结果，轻过程重记忆，轻理解重练习，轻创造性运用重死记硬背……一句话，松岗中心小学的课堂教学被认为是比较守旧的。

　　面对问题，松岗中心小学构建了以备课组为单元的新基础教育团队，校长和骨干教师、实验种子教师都老老实实从理论学习开始，一起深入研读《新基础教育研究手册》，组织了多场读书分享会。即便如此，对"新基础教育"的理念主张，教师们仍说不上完全理解，正所谓"纸上得来终觉浅"。

　　怎样把这些理论吃透呢？袁敏贞等教师慢慢总结了阅读理论书籍的一系列方法——站在书里读、对照书镜读、置身式阅读、转化式阅读。教师们真正读进去才发现，"新基础教育"的理论其实并不很深，是对新课程改革以来的课堂教学理念进行了系统梳理，像叶澜教授提出的"四个读懂""五个还给"等理念，其实与学校"乐雅课堂"理念有许多相通之处。

　　理论虽然读懂了，真正到了课堂实践环节，教师们仍是有些

"眼高手低"。特别是学校的一批年轻教师一入职就赶上了"新基础教育",被选为实验"种子教师",他们既幸运又辛苦,在职业观念的养成上奠定了很好的基础,但同时也真切感受着实验中"脱胎换骨"的阵痛。

一位年轻语文教师是语文科组的"种子教师",被寄予厚望,三次研讨课的经历让她刻骨铭心。

第一次上研讨课,这位女教师几乎一个暑假都没有休息,看书、查资料、收集素材、设计课件,开学后就和语文科组同事反复磨课、上课、研讨、修改课件。那次上完课,专家没有一句表扬,单刀直入地提了一大堆问题。女教师都照单全收,回头努力改正。结果第二次上研讨课,又被提了一堆问题,这位女教师又咬着牙接受了。

一段时间后,学校又要进行第三次研讨课,教师们在专家到来前,先关起门来帮研讨课教师进行"捉虫",七嘴八舌地提了各种意见。

"算了,这课我上不了了!"女教师忍不住当场哭了起来,像个受委屈的孩子,压抑许久的情绪爆发了。要知道,前一天她一直忙到凌晨,然后天一亮又起来接着准备,心里顶着巨大的压力,更何况几个月来都在紧张中度过，可越努力似乎情况越糟糕。

大家都愣住了，静静地看着她，任她情绪宣泄完后才轻声地抚慰她，也觉得对眼前这位新教师有点太严苛了。不过，在情绪宣泄过后，女教师一下子轻松了，压抑许久的内心一下子打开了。哭过后，她找到科组长说，让她再试一次。

对年轻教师来说，有过这样难忘的经历，让他们逐渐学会勇敢地面对成长中的问题，也渐渐找到了专业自信。

其实，不光是年轻教师，即便是有经验的教师，在面对"新基础教育"时，也经历着不适和痛苦。袁敏贞也自告奋勇地担任了"新基础教育"的"种子教师"。参与实验以来，她上的研讨课最多，但"挑的水多，摔的罐子也多"，她的课也经常被专家团队提出各种问题。面对专家团队尖锐的意见，她有时候也会委屈，也会在背后偷偷地抹眼泪。但是回到大家面前，她仍是收起眼泪，认真地听取专家们的意见，积极地反思，然后一点点地改变自己的教学。

参与"新基础教育"实验，松岗中心小学的教师们就是在这有泪有笑的实验过程中，在无形中经历着精神的嬗变。

"新基础教育"实验的价值在哪儿？究竟能给学校带来怎样的

变化？在我看来，真正的变化可能不是外在的、显性的，而是内在的、精神上的、文化上的隐性变化。如老师们所言，课堂氛围不一样了，学生爱表达了，在课堂上更自信了。同时，一种协同发展、人人参与的全新教研文化正在悄然间形成。

在"新基础教育"实验影响下，松岗中心小学的备课组正变成一个个教研共生体。备课组长从原先的"上传下达"，变成了"教研组发展的策划者"，备课组由"传统事务型"教研组向"学研行"教研组转变。经过理念洗礼和实践磨炼，老师们渐渐习惯了"直面问题——一度反思—备课组'捉虫'—二度重建"的教研模式。他们的表达能力、表达欲望、思维水平都有了很大提升，在研讨中不说重复的话，不说空话，而是直面问题，捉关键的"虫子"。

"可以感觉到，我们的教研文化不一样了，让我这样的老教师也愿意敞开心扉，积极参与进来，越来越觉得课堂教学值得深入研究。"在一次座谈中，松岗中心小学的老教师游凯青感慨地说。

今天的松岗中心小学，随着对"学生立场""成事成人""育人价值"等核心理念的理解走向深入，一批教师开始成为"学科明白人"，他们主动参与研究的意识不断提高。学校师生开始越来越多地走向全国更大的舞台，留下一串令人自豪的闪亮足印：全国STEM教育种子学校、全国中小学科学教育示范学校、广东省书香校园、佛山市武术传统项目学校、佛山市粤剧特色学校……

课题研究的真正价值就在这里，它可以优化教师的教育教学方式，提升他们的专业素养，教给他们一种更科学的、更有效的职业生活态度，最终给一所学校带来质的改变。

因此，有智慧的校长都会自觉地借助于高水平的课题研究，让教师"站在大师的肩膀上前行，站在巨人的肩膀上成长"。几年来，越来越多狮山镇的学校开始重视课题研究，倡导校本化教科研，在变革教育实践中，让学生成人、让教师成事。

一年前刚任联和吴汉小学的校长蔡阳合通过校本主题培训，启发教师们要转变工作方式，走上课题研究之路。

2020年10月，在联和吴汉小学教师大会上，蔡阳合投影了一张学习金字塔的示意图。示意图上，从听讲、阅读，到做中学、教别人，一共7种学习方式。蔡阳合问老师们："在各位的课堂教学中，最常用的学习方法是什么？你处在金字塔的第几层呢？"

对比之下，教师们发现，自己的教学还是习惯于传统的讲授式，而这恰恰是最低效的教学方式。其他高效的教学方法，他们很少使用，也不习惯去使用。教学实践中，大家习惯充当 "教学保姆"，讲授事无巨细，恨不得将所有知识点都讲给学生听。

借助学习"金字塔理论"，蔡阳合引导教师们，要提升课堂教学的效益，就要转变教学方式，注重培养孩子的思维力与学习力，只有培养孩子们的高阶思维能力才能使之走得更远。这就是"授之以鱼，不如授之以渔"的道理。

那次培训，蔡阳合深入浅出的讲座，激发了教师们变革课堂教学方式的愿望。不过，道理虽然很明白，但是怎样培养学生的思维能力呢？

机会很快来了！不久后，蔡阳合给学校的骨干教师官文慧等推荐了一个报名链接，是即将举行的第六届中国未来学校大会思维发展型课堂教学设计比赛。

官文慧点开链接一看，又惊又喜，这次活动的导师团，是由统编语文教材总编辑温儒敏教授和华东师范大学李政涛教授等组成，以"课堂革命中的教师蝶变"为主题，采用"五大主题＋四轮挑战任务"的组织形式，通过发布任务、线上指导、线下集训、导师团指导等多种方式，全面提升参会教师专业素养，最终选拔出优秀的"未来种子教师"。

　　看到如此高规格的比赛，官文慧等教师虽然有点忐忑，但还是鼓足勇气踏上了挑战之路。

　　第一轮挑战任务下达，主题是"思维发展型课堂"。"什么是思维发展型课堂？""思维发展型课堂如何跟语文学科结合呢？"老师们懵懵懂懂，脑子里一堆问号。

　　"不懂没关系，我们可以边学边做。"蔡阳合校长不急不躁，笑眯眯地对大家说。学校将报名参赛的老师分成3个"学研行"团队，以这次大会下发的比赛资料为索引，遍寻相关论文与专业书籍，商议确定了各团队的任务和目标。

　　学习任务明确了，官文慧等教师感觉压力小多了。有了团队的支持，大家相互激励着，每天都干劲儿满满。几次研讨会后，他们对"语文思维发展型课堂"已有了初步的认识。结合联和吴汉小学的学生情况，各个团队群策群力，拿出了一份语文思维发展型课堂教学设计。

　　然而，实践之路却并非顺风顺水，面对理论与实践之间未知的沟壑，官文慧等教师只能"摸着石头过河"。

　　比赛第一轮"海选"，官文慧就经历了一番波折。他们根据参赛文件和要求，选定了语文学科思维发展型课堂的着力点："读写一体""思维可视化工具使用""如何在阅读中融入写作指导与练习""如何用评价促进写作水平的提高"。

当时官文慧正教四年级，他们团队经过商议，初步决定以四年级语文上册习作单元的《麻雀》一课来做教学设计。

两周内就要拿出教学设计稿，老师们按照分工，一刻不停地投入行动。官文慧负责教学设计的主体部分，可是，当她仔细研究了这篇课文，才发现《麻雀》这篇课文其实并不适合展示他们的教学思路。

这可怎么办？时间紧迫，这时候再调换教学内容，之前的准备都要推倒重来。官文慧犹豫着、纠结着思虑再三，她跟团队负责人说了自己的困惑。负责人马上召集所有成员进行研讨，官文慧首先解释了想更换教学内容的原因，最终说服了大家，赶紧换更适合的课例。

尽管有点前功尽弃，可没有人抱怨，接下来的一周时间，大家除了吃饭睡觉，每天都沉浸在教学设计中，或微信群沟通，或面对面交流。有时候为了一个环节的设计争论得面红耳赤，有时候因为一个灵感而兴奋地讨论到深夜。

所有的努力都没有白费！不久后，当蔡阳合笑逐颜开地通知他们："恭喜大家！你们顺利闯过了第一关！"老师们禁不住欢呼雀跃起来。

兴奋过后，第二轮挑战接踵而来，任务难度升级。又是一轮"痛并快乐着"的教学设计智创之旅。

课堂的生成千变万化，完美的教学设计永远是一个理想。为了打磨出自己满意的教学设计，官文慧团队又经过三轮的循环反复，在不断地重构与反思中，努力拿出体现思维发展型课堂风格的精品课例。

联和吴汉小学的"学研行"团队历时三个月，经过三轮理论学习、教学设计、设计理论阐述、课堂实录、说课、答辩等环节的淬炼，最终成功晋级第三轮决赛，团队负责人周间想入选"第六届中国未来学校大会TOP100种子教师"。

一项课题研究、一次教学赛事挑战，成就了一批优秀教师。蔡阳合与联和吴汉小学的老师们尝到了科研的甜头。我想，通过这一次经历，老师们的心里都会生发出一个强烈的理念：学习和研究是教师必不可少的专业素养，也是改善教师专业生活质量的重要途径。而这也正是狮山镇"学研行"组织建设倡导的价值理念之一。

"学研行"培训新样式，赋能教师生命成长

办好一所学校，相关因素很多，但真正起决定性作用的还是学校的"人"，是教师的精神境界和能力素养。我们常说，教师是教育发展的"第一资源"，教师队伍建设是学校所有工作里的"第一工程"。校长如何做到以教师发展为本，赋能教师生命成长，是其领导力的重要体现。

在这方面，曾任罗村中心小学校长的杨瑞珍创造出了一系列值得推广的宝贵经验。在罗村中心小学，她提出"生态教育"办学理念，努力"让每一个生命都绽放精彩"。

为此，杨瑞珍在小学教育平凡而琐屑的工作中，通过校本培训，点燃每一位教师的发展激情和教育初心。

"和教师们一起创设教育愿景的过程，就是点燃教师激情的过程。要把学校的愿景变成每个教师的人生梦想和创新动力，唤起他们对教育生活的热爱，让他们带着智慧与灵感推进教育工作。"杨瑞珍说。

在杨瑞珍看来，教师职业境界可分为三个层次——谋生型、知本型和生命型。校长的职责就是引领教师从"谋生型"逐渐走向

"生命型",唤醒他们内心潜藏的成长渴望,在教书育人过程中塑造他们的学生观、教学观、质量观和评价观。

"健康生活,快乐工作"是她的生活态度。她会邀约老师一起看演唱会、练瑜伽、看球赛,在音乐厅、图书馆与老师相约……

而健康生活、精彩人生,首先是以教师的职业幸福为基础的。为此,杨瑞珍以"学研行"为助力,在学校开展教师团队文化建设与研修机制变革。

走进罗村中心小学的校园,随处可见教师们善于学习、乐于研究、勇于行动的浓厚氛围。杨瑞珍想方设法地挖掘教师发展的内在驱动力,让教师不断实现从经验到理论、从知识到概念、从概念到思想的升华。

学校开辟了"名师成长故事分享"平台,有展示教师研究成果的分享会、痛点与经验分享的教学沙龙、破解管理难题的管理沙龙、提升教师专业发展境界的阅读会分享、优秀教师教育教学专题研讨会、骨干教师课堂教学研讨会……

杨瑞珍相信,多为教师开辟一个成长平台,学校里就会多出一批好教师。在这一个个平台上,教师们相互切磋,生命激扬生命,思想与思想碰撞,构建积极的自我认知,进而形成看得见的自我成长轨迹，让每一位教师都能找到属于自己的、有效的专业发展范式。

多平台、多层次的"学研行"三位一体培训机制，给罗村中心小学教师搭建了自主成长的平台，让教师们能在安全、平静的状态下，大胆实践、乐于展示，最终学会自主选择成长路径，规划教育人生，在不断历练中提高了教育教学水平，获得了充分的自我实现满足感。

在杨瑞珍带领下，罗村中心小学的教师团队的文化建设呈现出良好的发展态势：共有10多名教师评上小学副高职称，20多名教师被评为各级名师；一批年轻有为的教师分别走上校长、副校长、学校行政等管理岗位；学校教师在省级以上核心刊物发表论文共20多篇，共28项科研成果获省、市、区各级奖励。

近几年，随着狮山教育规模的不断扩大，每年都有一大批新教师进入各中小学任教。他们是狮山教育未来的希望，而这些新教师无论是学历层次、教育观念还是能力素养都有更好的发展潜质，怎样为他们提供适合的发展机会和研训平台，让他们尽快站稳讲台，留得住、教得好，培养职业热爱，成为一个迫切而关键的管理命题。

　　在狮山中心小学，校长钟绍坤面对学校青年教师越来越多的状况，组织成立了"青年教师联盟"，并为他们量身打造了"飞跃工程"，以项目式机制创新和平台服务支持，点亮青年教师成长之路。

　　体育教师江炜锋就是"飞跃工程"的受惠者，让他一直难忘的是校长钟绍坤和他的两次谈话。那是刚到学校任教时，他被校长叫到了办公室，简单几句寒暄，钟绍坤问他："江老师，如果学校给你一支学生武术团体，你有信心带好吗？"

　　江炜锋有点不敢相信，小心翼翼问了句："钟校长，您的意思是……"

　　钟绍坤微笑道："学校想请你来培养一支专业武术社团！"

　　虽然自己是武术专业出身，但江炜锋还是有点信心不足："我才毕业，恐怕做不好。"

　　"不要担心，你一定没问题，你可是全校最专业的人选。"钟绍坤校长鼓励他说。

　　这番话说得江炜锋激情澎湃，就冲校长这份信任，他鼓足勇气接下了这个任务。自己一个刚毕业的镇聘教师能被学校委以重任，别提有多高兴，更何况是做自己最喜欢的事：在岭南武术之乡向学生弘扬国粹。江炜锋说干就干，很快拿出一个初步计划，向学校递交了武术特色课程申报表。

让他没想到，校长很快给他反馈了，又叫他到办公室谈话："江老师，你的设想很好，我们不仅要开设武术社团，更要推动武术进入学校体育课程教学，你就放手干吧！"

这次谈话给江炜锋吃了一颗"定心丸"，他很快组织了一支学生武术社团，并且把武术操引入学校大课间活动。如今，每到大课间，全校3000多名学生随着动感十足的音乐节奏一起做武术操，个个身姿挺拔，扎马步、冲拳、踢腿，一招一式刚健有力，让人为之喝彩。

就这样，给青年教师搭设一个平台，投之以一抹希望的阳光，点亮他们发展的激情，成就一道美丽的教育风景。

2017年毕业的青年教师易彤珊学的是新闻传播专业，喜欢朗诵的她一来到狮山中心小学，就被学校大胆启用，担任了全镇"教师节表彰大会"的主持人，从此有了发挥特长的一方舞台。

随后，易彤珊与几位志同道合的青年同事结成了"学研行"小团队，经常一起练习朗诵，切磋技艺，他们精心编排的诗朗诵《水调歌头》和《厉害了，我的国》，先后在全镇青年教师朗诵比赛中获奖。

让易彤珊高兴的是，狮山镇语文教研员吴珍老师很赏识她的朗诵特长，引荐她加入佛山高新区朗诵协会，易彤珊有机会走上南海区的艺术舞台。在全区的演讲比赛中，易彤珊演讲的故事《打往天堂的电话》，深深地感动了现场的听众和评委。当她哽咽着讲完，台下所有人都热泪盈眶，为她报以雷鸣般的掌声。

就这样，朗诵成了易彤珊一张亮丽的教学名片，让她打造出了富有感染力的教学风格，也为她开辟了更多成长的舞台，鼓励着她勇敢追梦，演绎着一位青年教师的精彩人生。

在狮山中心小学，这些青年教师的人生飞跃，离不开一位教师团队文化和研修机制的引路人——副校长钟智红。学校为青年教师创设了浓郁的读书氛围，而钟智红更是以自己深厚的教育教学积淀，提出了具有独特教学风格的"图式阅读"理念。

"这个理念最初是从学生身上得到的启示。"钟智红介绍说。在语文教学中，她发现，许多学困生都是在阅读上出了问题。怎样让学生爱上阅读呢？钟智红经过一番观察和思考，认为小学生形象思维发达，往往对图案、图形、图画、图表比对文字更敏感，可以引导学生以图文结合的方式进行阅读，并以思维导图等形式记录阅读收获，实现"阅读策略显性化、阅读过程具体化、阅读成果可视化"。

学生阿健，曾是一个让教师和家长都很头疼的"问题少年"。没想到，自从钟智红在班级开展"图式阅读"后，阿健居然喜欢上了阅读。钟智红抓住契机，在阅读上给他"开小灶"，引导他学会制作图式阅读单。

"同学们，老师简直不敢相信，阿健最近读了不少书，是全班完成阅读学习单最多的。老师决定，如果他完成10份阅读学习单，就为他举办一次个人阅读展。你们想不想和阿健比一比，看谁读书又快又好？"钟智红在班里对阿健"隆重"表扬。

阿健成了班里的阅读明星，许多学生不服气，要和他进行阅读挑战，全班的阅读热情都被调动起来。阿健在阅读上的表现也越来越积极，期末时，他不仅获得了阅读素养比赛第一名，而且被评为"进步之星"。

目睹阅读给学生带来的神奇变化，越来越多的教师加入"图式阅读"的实验团队，与学生一起在阅读中共同成长。

"阅读是教师最大的底气，我很幸运，一来到这里，就被邀请加入学校的'图式阅读'团队，在阅读中和学生一起感受教育的美丽。"青年教师杨情动情地说。学校读书节前夕，钟智红大胆地把设计读书节活动方案的任务交给了杨情。这个年轻人不负众望，充分发挥了青年教师的创造灵性，策划了"点燃亲子阅读热情，点亮孩子五彩童年"为主题的读书节系列活动，受到学生、同事和家长的一致赞赏。

像钟智红一样，同为狮山中心小学副校长的刘习洪，是深受青年班主任们崇拜的德育导师。刘习洪所带中队曾被团中央和教育部授予"全国先进中队"，他也被多所大专院校聘为"中小学校长国培项目"授课专家。

受陶行知"生活教育"理念影响，刘习洪主张让学生走出校园、走向社会生活和大自然，在广阔的世界里接受真实的教育。他组织的大型研学旅行活动"重走红军路"，被全国多家媒体予以报道。他在自己的班级里开展追踪研究，将45个学生家庭的教育故事和教育经验整理成生动鲜活的教育案例，结集出版了一部由全班所有家庭深度参与、共同完成的家庭教育读本《我们这样做家长》。

身边有刘习洪这样的名师，也是青年教师的福气。如今的刘习洪是镇"名班主任工作室"的主持人，热爱学习思考的他把自己的创新工作经验和实践感悟总结成一系列课程，既有家校共育的课程，也有班级活动开发设计的课程、班级文化的课程，还有亲子共同成长课程。他带领一批青年班主任在校内推行"学研行"班级生态组织建设，学习先进的教育管理理念和前沿的教育思想，研究日常教育教学中遇到的问题，用精彩的教育实践影响着更多教师。

"微课题 + 微团队"，教研成了一线教师的"恋人"

我在多年的教育实践中发现，许多教师并非不愿参与教育科研，而是不知道如何做科研。在他们心里，教育科研都是专家学者才做的事，不是他们能力所及的，因此也就望而却步。

实际上，这是对教育科研的一种误解。一线教育者同样可以参与教育科研，通过行动研究的方式，把自己工作中的困惑变成研究的课题，循着问题在深度学习研读中找到解决问题的答案，进而改善自己的实践行为。这样的研究一点都不难，可以有效地提升专业素养，让教育教学工作更有质量。

2020年，树本小学副校长张小青主持的"赏诵教学"课题，在佛山市中小学教育教学改革成果展评中获南海区一等奖、佛山市三等奖。谈到这一成绩，张小青说，这要归功于学校的"学研行"微课题团队。

的确，团队的力量是不言而喻的。"赏诵教学"的研究过程，也是张小青和微课题团队在困惑中摸索的酸甜苦辣过程。

那是几年前，张小青在另一所学校任小学部主任时，曾去听一位二年级语文老师的课。这个老师的教学成绩很好，张小青原本是想借鉴她的经验，在科组予以推广。但是一节课听下来，她发现，这个班学生的语文朗诵水平普遍较差，很多学生连课文都读不通。但为什么他们班的成绩很好呢，原来，老师在课堂上用大量时间训练学生刷题。

语文教学怎么能只盯着学生的分数呢？张小青很诧异，长此以往，这样的语文教学只会让学生失去学习的兴趣。语文教学，原本是培养学生对母语的热爱和人文素养的，但如果一味关注应试，恰恰是对学生学习兴趣的最大伤害，有碍于人文素养的培养。

张小青后来又做了一番调查，她吃惊地发现，这样的现象居然很普遍，不少老师都忽视了语文教育的本质，而是将课堂教学变成了枯燥的做题训练。

这个问题该怎么解决呢？在自己多年的教学中，张小青最喜欢的教学方法，是带着孩子们一起诵读，在诵读中培养孩子的语感，进而体验祖国语言文字之美，激发对语文学习的热爱。

经过深入反思，张小青决定带着语文教师们开展"赏诵教学"的微课题研究，以解决课堂教学中的功利化倾向。

"赏诵教学"的初衷很好，可是孩子们究竟应该读什么？老师们展开了一场讨论，有的觉得把课本中的优秀篇目读好就可以了，有的觉得应该让孩子们多诵读经典古诗文，还有的主张引进更多课外读物。

怎么才能因地制宜、读出特色呢？经过讨论，大家产生了一个大胆的想法，为学生们自编一套"赏诵读本"。这个想法让大家很兴奋，虽然要付出很多汗水，但每个人都积极参与进来，查阅资料、多方检索、精心编选，最终拿出了一套学校自己的"赏诵读本"，其中包括古诗词、小古文、经典名篇节选、现代诗歌、儿童散文、小故事等丰富多彩的内容。

有了这套"赏诵读本"，学校又开设了"赏诵社团"，经常性地开展小主持人大赛、国旗下朗诵展示、六一经典诵读、新年朗诵会等诵读活动，师生们参与诵读的热情越来越高。

2019年，张小青主持的课题《"赏诵教学"促进小学语文课内外阅读教学的实践研究》，成功申报南海区教育科学"十三五"规划课题。怎么样进一步让"赏诵教学"在全校升温呢？张小青思索着。

有一次，语文科组一位教师将自己制作的微课发在个人的微信公众号里，没想到引发同事和家长的广泛关注，纷纷在朋友圈转发。

这件事给了张小青灵感："我们也可以用公众号推送的形式，经常性地推出师生们的朗诵作品，只要是经典美文，一定会产生更大的感召力，让更多人参与到阅读活动中来。"

张小青当即行动起来，她召集课题组教师开会，说了自己的想法，大家一致赞成，开通"赏诵教学"微信公众号。怎样运营好这个公众号，教师们给出了不少建设性的意见，初步确定了推送内容，包括学生朗读作品、作品原文、学生对作品的赏析以及学生的获奖简介等。

公众号开通了，第一期作品很重要，怎么才能一炮打响呢？教师们反复斟酌，最终选定了一位朗诵十分优秀的学生——周梓晞的作品，先做一个榜样示范。梓晞妈妈知道了这件事也很高兴，积极配合学校的要求，精心制作了孩子的朗诵作品，配上适合的音乐，并对音频进行了后期处理，一切都精益求精。

为了这一期公众号推文，所有人整整筹备了两个多星期，各种细节反复打磨。终于到了发布作品的这一天，当团队老师按下"5分钟后定时发送"的按键，所有人的心里既充满急切的期待，又有些忐忑不安，团队的辛苦付出能否得到大家的肯定？

"新作品推送成功！"看到这几个字，大家都激动得有些颤抖，那一刻真切地让人感觉到每一分钟都很漫长！

让大家兴奋不已的是，很快就看到有家长和老师在朋友圈转发，微信公众号也不断新增关注，一两个小时新增了五六十个粉丝。每增加一个关注，他们都无比欢欣，那是对团队努力的肯定与鼓励啊。

第一次朗诵作品的成功推送，让团队更有信心。从此，公众号开始日常运营，每周推送一次师生作品，他们的朗诵公众号也被越来越多的孩子和家长熟知。慢慢地，开始有孩子来找他们："老师，我也想把自己的朗诵作品推送出去，能给我一次机会吗？"

让张小青最难忘的是，有一天，一个很内向的孩子过来找她，递交了一份朗诵作品，张小青听完不禁又惊又喜，那个孩子声音圆润而有情感，读得特别有感染力。没想到，这个她很少关注的孩子，居然有鲜为人知的另一面。

从这个孩子身上，张小青感到每个孩子都渴望成长，都潜藏着成长的巨大能量。而教育者的职责，就是发现他们的渴望，给他们适合的机会，用爱心呵护这可贵的生命能量，倾听每一个孩子的声音。

教育科研的功能其实也是让教师重新发现教育、发现学生、发现自己，发现并释放自己身上的巨大潜能，进而给一所学校带来令人惊奇的可喜变化。

对此，英才学校教导主任岳荣深有同感。这所建校不到两年的新学校，正是在微课题、微科研的过程中，迅速摆脱最初的办学困境，走上一条可持续发展的良性循环道路。

英才学校是一所高起点的九年一贯制公办学校，位于南海大学城内，办学之初就汇聚了一批优秀师资，办学基础可谓是得天独厚。但学校大多数管理干部资历浅、经验少，年轻是这所学校最大的特点，老师平均年龄29岁，教龄3年以下者超过60%。

自称是"小白"教导主任的岳荣，对学校的未来充满了美好的期待。然而，2020年1月，第一学期期末考试结束，九所公办学校，英才学校排倒数第一。

那一刻，岳荣主任异常失落。尽管校长李小毅安慰大家："我们的生源不如其他学校，年轻学校的成长总有一个过程。"但全校老师仍像霜打的茄子——蔫了。

寒假期间，岳荣主任仔细分析教学教研中的问题，暗下决心：一定要深入推进"学研行"组织建设，在构建微课题、微团队上下功夫。有一次，翻阅方华老师的《做有温度的教育》，其中的《"独行侠"做不好教育》一文写道："团队之所以伟大，不是因为解决了所有问题，而是因为能坦然而真诚地面对问题。""营造共同承担教育责任的氛围，帮助学校、老师、家长形成商量式解决问题的能力。"

岳荣主任恍然大悟：是啊，要搞好教育，不能做"独行侠"！英才学校有一支名师团队，其中"区名师工作室"主持人1人，区名师8人，镇名师5名，研究生9人。师资力量也算雄厚，但实际情况是人人各有一套，形不成合力。

岳荣将自己的思考向学校领导报告，提出建议：通过校本教研，让英才学校建立起一支充满无穷生机与活力的"学研行"团队。

有一次，我去英才学校开会，正好碰到岳荣，她虚心地向我请教该如何进行"学研行"组织建设。我建议她先读一读《第五项修炼手册》系列丛书，并且把我手上的这套书送给了她。她很用心，不仅自己认真通读了这套书，做了大量的读书笔记和摘录，而且还带动学校其他教师一起读，读后进行研讨，寻找解决学校教学困境的突破点。

要开展"学研行"组织建设，第一步就是让教师们建立起共同的发展愿景。岳荣先从教师培训入手，学校开设了"英才大讲堂"，邀请名师作了系列讲座："如何备课""如何观课、评课""如何上好复习课""让'教'变得更有效""教师如何做课题"……

实用、有效的培训调动了教师参与行动研究的热情，要怎样改变传统培训"听时心动、议时激动、做无行动"的尴尬现实呢？在岳荣看来，最关键的地方就是通过点亮教师，激发教师专业发展内驱力，让"学校要培训我"转变成"我要学校提供培训"的思想。

岳主任找分管教学的副校长胡德仁交流想法。她参照"学习金字塔"理论，把教师们按照学习习惯分为应付型学习、任务型学习、问题型学习、需求型学习、习惯型学习、前瞻型学习等六个层次，当务之急就是让教师们从前三个层次向后三个层次转变，让学习变成需要。

胡德仁副校长对她的想法非常支持，鼓励她先从教师的需求出发调研，把教师们的需求变成行动研究的主题。

调查问卷发下去，教师们的工作需求很快收集上来。有的说，学生学习主动性不够，学习习惯不好，需要想办法激发学生的学习兴趣，养成良好的学习习惯；有的说，前一段时间的居家线上学习，造成部分学生心理出现波动，应加强个别的心理辅导；有的说，学校的社团活动虽然不少，但对学生个人的兴趣特长兼顾不够，需要进行改革；还有的说，经过"线上教育"洗礼，目前师生们都逐渐习惯了线上学习的方式，但如何组织学生进行有效的线上小组合作，缺少方法支持。

问题就是需求，需求就是研究课题，岳荣主任和胡德仁副校长经过商议，决定抓住契机，以这些问题倒逼教师进行微课题、微团队研究。

基于教师们的问题和需求，学校提出了校本研修课题计划，决定以"自由学研行组织"为着力点，激发教师的发展内驱力。

"'自由学研行组织'的初步构想是，允许教师们在科组里根据自己所需，三五人一起组建共同研究主题的'学研行'微组织或微团队；或者是跨学科、跨年级，只要有共同愿景，就可以组建他们感兴趣的'学研行'微组织，合起来研发新的课程。"岳荣介绍说。

新鲜事物的推行，注定不会一片坦途。在全面推行前，岳荣决定选择适合的小团队进行示范引领。

语文科组长李悦英老师是一位工作充满激情的人，有着22年教龄的她一点都不故步自封，正是岳荣心目中的首批人选。对岳荣的构想，李悦英深表支持，积极收集科组教师教学上的需求，形成了科组内的共同发展愿景。根据教师们不同的需求，语文科组建立了几个不同研究主题的"学研行"微团队。每个团队都按照教导处要求填写"学研行"记录表，表中含"问题表述""共同愿景""组织约定""学习资源""研究探讨""行动落实""总结提升""成果展示"等八个部分。

"这个'学研行'记录表，是我与容燕婷、张鹏辉两位年轻语文教师共同设计的。"岳荣介绍说，"不少教师在教育教学上做了很多工作，只是缺少记录和深入研究的习惯。利用这个表格，就可以把日常工作中遇到的问题记录下来，按照规范的程序进行研究，找到解决的办法，变成行动研究的微课题。"

为了督促大家养成好的研究习惯，李悦英给语文科组各个微团队确立了三条工作原则——"学需有的、研之有期、行必有记"。即：要有明确的"学研行"目标，成员定期进行讨论，每次活动都要记录。同时，每个小组都把自己的成果在科组内进行分享，以此不断推进语文科组的教学与研究。

看到语文科组内越来越高涨的研究热情，其他科组也渐渐心动了。不久后，英语科组长叶佩旋、教学级长韦雪苹、麦少玲，德育组长黄小芹等几位教师纷纷加入微团队、微课题的行列，岳荣的底气便越来越足。为了保证和每一个"学研行"微团队充分沟通，她加入了这些微团队的微信群，随时针对他们的需求进行直接指导。

这样的"星星之火"，很快在美丽的英才校园形成了"燎原之势"。

多少次，为了严格遵守"组织约定"，微团队的成员们利用下班时间进行现场或在线研讨；多少次，为了找寻合适的学习资料，教师们牺牲周末陪伴家人的时间，去网络上、书籍上寻找资源；多少次，为了提炼成果，大家一起认真撰写论文、积极建立资料库。

"学研行"小组的建立，给了许多教师，尤其是年轻教师成长的机会。罗紫贤老师就是其中之一，她这样叙述自己的成长经历：

得益于学校的制度设计，我参加了两位师傅的"学研行"微团队。一位是曾秀萍老师，她丰富而幽默的教学语言，富有感染力的招牌式笑容，娴熟的引导点拨技巧，让课堂成为智慧与幸福的乐园。在师傅的影响下，我也开始注意课堂气氛营造，尝试变换课堂形式，学生都觉得新奇又好玩，课堂参与度大大提升。

另一位师傅是李悦英老师。每次上课，她总是提早来到课室，下了课也不急着离开，会留下来主动与学生交流。她让我明白了功夫不仅在课堂之上，更在课外，这一点也让我深感受益。

有一段时间，我正好被名著阅读提升的问题困扰，跟两位师傅商量，三人一拍即合，决定成立一个名著阅读提升"学研行"小组。决定组长人选时，李老师说："紫贤，你来当组长吧。"我急忙推辞，李老师鼓励我："怕什么？做做就会了，我和曾老师会从旁辅助的。"于是，我怀着忐忑的心情接下了组长这个头衔。

此后，我们尝试制定阅读计划，督促学生阅读并做好圈点批注，各自跟踪落实本班的阅读任务，定期汇报彼此的进度。我们还一起研究制作相关课件，探讨高效阅读方法，力争做到学以致用。每一次的研讨成果和研究进度，我都会认真整理记录到"学研行"表格中。

经过一学期的努力，我们所教班级的教育成绩均有所提升。在师傅们的鼓励下，我参与了学校青年教师大赛并获得一等奖，参加佛山市初中语文教学展示活动并获得二等奖，指导学生参与"梦翔杯"主持人大赛并获得二等奖、三等奖。

在我的成长之路上，"学研行"微团队助我良多，像一盏明灯，让我顺利走过专业成长的迷茫期。

的确，像罗紫贤这样的年轻教师，团队的支持让他们在摸索时有人为他们点灯照亮前行，在摔跟头时有人及时搀扶着他们前行，这样的前行速度既快又稳。

功夫不负有心人，一个学期后，英才学校的教学质量大幅提升，多个学科的成绩在九所公办学校里跃居中上行列。

面对这样的成绩，最快乐的无疑是岳荣主任。虽然一切才刚起步，但她已经体会到构建"学研行"微团队带来的初步收获，同时坚信，教师们还有很大的进步空间。

一年多来，学校的教科研工作也"捷报频传"：学校获得南海区论文评比一等奖人数位列全镇公办学校第一名，获奖比率位居全镇学校（含实验类）第一名；课题研究层次也遍及区、市、省"十三五"重点项目；全校师生参加区、市、省各项竞赛，获得

185个奖项，其中教师获奖143项。

"这些都是催促英才人不敢停下脚步、必须砥砺前行的鞭策。"岳荣主任动情地说，"我真心地希望，让教研工作变成一线教师的恋人，成为一线教师工作、生活难以割舍的一部分，教研工作因为紧紧贴近一线教师而变得滋润、丰实、有力。"

让教研成为教师的恋人，多好的比喻啊！无论学校发展，还是区域教育发展，教研永远是不能割舍的重要工作，是解决教师的职业困惑和需求，让他们幸福工作的精神动力。只有教师从中品尝到教书育人的幸福与甜蜜，才会自觉自愿地让教育研究与他们的工作、与他们的职业生涯如影随形，在提升专业素养的同时，改变他们的职业认知，增进职业情感，激发出对教育事业的梦想。

有梦想，才会有不息的追求，才会有不竭的前进动力。这个梦应该是由共同愿景和自我发展的梦交织在一起的。生命因有梦想而美丽，教育因有梦想而伟大。

第六章 "大城良师"是这样炼成的

每到岁末，盘点一年的收获，狮山教育都是硕果累累的景象。这，已经成了近年来狮山镇教师颇为自豪的"新常态"。

2020年11月，好消息传来，罗村实验小学体育教师杨钦在全市青年教师教学能力大赛中，获得特等奖，代表佛山市出战全省决赛。

从镇赛、区赛到市赛，杨钦可谓是过五关斩六将，无论是专业知识考试、运动能力展示、教学技能考核，他都应对自如，自信满满。特别是学科主题演讲环节，杨钦的表现相当"惊艳"。他旁征博引地纵论体育教学与人格培养，从习总书记全国教育大会提出的"健康第一"讲起，讲钟南山院士的成长经历，讲"无体育，不清华"的优良传统，极富感染力的演讲充分显示了一位体育教师良好的人文素养。

"这一切都得益于狮山镇在教育研修机制上的创新举措，为教师成长提供了广阔的成长空间。"如今担任狮山镇体育教研协调员的黄华斌介绍说。据了解，他们在体育学科"学研行"建设中，积极推行"自主修炼""研修共同体""会讲会教会做"等做法，鼓励体育教师写教育随笔，上网络示范课，这些真招、实招有力促进了全镇体育教师的专业成长。

同样是在2020年底，狮山教育捷报频传。狮山实验学校校长许贤苏荣获"中国好校长"称号，狮山镇教师雷小艳在全国创新型名师孵化大赛中获一等奖，狮山镇多个教研团队在佛山市示范教研组评比中获奖，狮山镇心理健康教师团队在全区教师专业能力大赛上包揽特等奖和一等奖……

近几年，狮山镇教师群体的迅猛崛起，已经成为一种引人注目的教育现象，《珠江时报》曾以《大城良师：让狮山教育从"品质"走向"品牌"》为题，深度追踪报道狮山镇教师成长的秘密，称赞"大城良师"已成为狮山教育的品牌，推动了教育的高品质发展。

这也正是我所期望的。培育"岭南教育名镇"，是狮山人的教育梦。而支撑这一梦想的，是一个个校长、教师、教研员的成长期待与愿望。点亮他们的梦想，成就他们的梦想，是教育发展的关键，也是教育发展的价值所在。

如今的狮山镇，通过"学研行"组织建设、学校特色文化打造及各种专业发展平台的搭设，探索着教师成长的新路径。在狮山教育人有泪有笑的教育故事背后，一个和谐美好的、师生共同成长的良好教育生态正在孕育形成。

"独行速，众行远"：点亮班主任专业成长之路

作为教育人，我时刻不忘全国模范班主任任小艾对"点亮教育"寄寓的期望："点亮教育要在点亮校长、点亮教师、点亮学生的同时，点亮每个家庭，点亮身边的社会；当我们的社会、我们的国家都被点亮，人人有梦想，处处有希望，那就是中国最光彩的时刻！"

2019年9月，我来到九年一贯制狮城中学小学部调研。该校小学部有教师91人，教龄不满3年的新教师有33人，教龄3至5年的青年教师有26人，两类年轻教师总人数占比达65%。如何点亮这些年轻教师的专业成长之路？这引发了我的思考。

当时，我与青年教师们进行对话。我问他们，目前班级管理的困惑是什么，如何解决班主任工作中出现的新问题。

教师们也坦诚地讲了很多问题。黄银冰老师任教一年级，面对孩子进入新学期的不适应，她像妈妈一样给予关爱。可是，孩子们似乎在习惯养成、规则建立上出了很多问题，如何做到严爱有度？她挺困惑。青年教师陈美榕说，学生学习习惯不好，作业管理中存在的问题让她很苦恼。

这些困惑与问题如何解决呢？我提出建议，让学校加强班主任工作的课题研究，用科学方法解决管理中的问题。

随后，狮城中学小学部立项了相关课题，构建了以课题为主线的班主任"学研行"组织，促进年轻教师专业自主发展。何桂莲老师担任"学研行"组织的负责人及课题主持人，成员有黄银冰、陈美榕、吴旭萍等教龄在一年内的年轻班主任。

对这些年轻班主任来说，如何培养学生的良好习惯是最大的难题。为弥补管理理论与经验的短板，教师们陆续阅读了不少优秀班级管理书籍，如南京优秀班主任郭文红的《发现班主任智慧：追求充满人性的教育》、全国十佳班主任郑学志的《与学生家长"过招"：班主任的家长工作艺术和技巧》等。

当教师们把学习、研究引入日常工作实践，很快就有了意想不到的收获，团队成员吴旭萍老师的班里曾发生这样一件事：

小博曾经是个令我头疼的学生，课堂上经常捣乱。每次他在课堂上乱窜，我都会严厉批评他："小博！赶快停下来！回到座位上！"但始终不见成效。

一个周五的下午，放学前我和孩子们打招呼："孩子们，再见！希望周末好好陪父母！""我没有妈妈，怎么陪？"小博大声说。

说者无心，听者有意。我事后了解到，小博的妈妈长期缺位，母爱的缺失导致孩子有一些行为问题。对这样的孩子该如何引导，我及时向何桂莲级长请教，还专门阅读了一些教育书籍。

不久后，学校组织一次周末外出参观展览。利用这个契机，我在周末陪同小博一起去参观。一边参观一边和他谈心，了解他的成长经历，也对小博的兴趣爱好有了更多了解。

那次参观回来，小博有了明显改变，在课堂上能专心听讲了，对我也没有那么抗拒，学习上有了一点一滴的进步。

小博的神奇改变，让我感悟到，班主任只有懂得爱孩子，放下身段理解孩子，才能听到花开的声音。

是的，我想，对这些年轻班主任来说，当他们懂得分数和成绩绝不是教育的全部，比起优异的成绩，一个人心灵的成长更重要；健全的人格与良好的习惯，将会让学生终身受益。明白这些，意味着他们开始走向真正的专业成长。

在何桂莲的引领下，这个"学研行"班主任团队在课题研究和家校沟通方面取得明显成效。何桂莲曾写下她和一个学生的故事：

班里有个男孩叫小邵，一向贪玩，上课不专心，作业也做得马马虎虎。这不，快到期末了，他的语文测试又是一塌糊涂。

放学了，我把小邵留下单独辅导。一个穿着白色衬衫、黑西裤的年轻女人悄然站在小邵的身后，我猜想她应该是小邵的妈妈。小邵全然不知，我也没有提醒他，继续跟他谈话：

"你看，刚才的练习题做得不错。这是为什么呢？"我问道。

"我认真学习和思考了。"孩子耷拉着头回答道。

"是呀！你本是个聪明孩子，如果不贪玩，你一定会有很大进步。"我鼓励他，"好了，天快黑了，是不是该回家找妈妈了？"

没想到，听我这么说，小邵竟然哭起来，越哭越伤心，边哭边说："我想妈妈，我好久没见到她了！"再看孩子身后的女人，也开始掩面啜泣。

我隐约明白了什么，把小邵搂在怀里，轻声说："孩子，老师相信妈妈虽然很忙，但肯定也很想你。你要好好学习，让妈妈看到你更好的表现。"

小邵点点头，哭得更厉害了。我帮他擦去泪水，微笑说："好了，孩子，不哭了，老师给你变个魔术！"小邵好奇地看着我，我煞有其事地双手合十，说了一声"变"，然后对他说："转身看看身后有什么？"

"妈妈！"小邵惊喜地叫起来，张开手臂投入妈妈怀抱。母子俩紧紧拥抱着，又激动地哭起来。

"快别哭了，和妈妈回家吧，要记住今天和老师的谈话哦！"我强忍着眼中的泪水说道。小邵的妈妈会心地给了我一个拥抱，真诚地说："谢谢您，何老师，我今后无论再忙，也要每天回来多陪陪孩子。"

故事里蕴含这样朴素的道理：随着教师们从观念到行动的改善，他们的工作也变得更有情感、更有智慧。

如何让更多班主任从琐碎、疲惫、繁重的工作状态中走出来，学会用心、用情、用智去做好工作，变成关注学生心灵成长的"人师"，这是狮山镇初中"名班主任工作室"主持人谢兴立的工作愿景。

初当班主任时，谢兴立也是一个"老黄牛"式的形象。"我每天早来晚走，班里大小事务都事必躬亲，感觉自己对学生很好，可是学生却似乎不领情，给我的评教分数很低。说到底，那时候我的班级管理，专业技术含量太低。"谢兴立反思说。

为此，谢兴立一度失去了对班主任工作的热情，有点职业倦怠。在迷茫之际，他参加了2017年狮山镇组织的"中小学生班主任胜任力提升高级研修班"。在研修班上，我也跟班主任分享了自己的德育工作经历，如何追随魏书生、任小艾等班主任名师，通过学习、研究提升班主任的专业水平，如何抓住班级管理中的问题，进行行动研究，用研究成果提升自己的教育品质。

那一次培训让谢兴立重拾当班主任的激情，开启了他的班主任"学研行"模式。他大量阅读魏书生的《班主任工作漫谈》、李镇西的《做最好的班主任》、王晓春的《做专业的班主任》……他还自费订阅了不少班主任类的刊物，边学习边实践。

随着教育理念的转变，谢兴立眼里的学生开始有了不一样的色彩。他们都是一个个活生生的、正在成长的人，每个人都不一样，都是值得珍视的生命个体。怀着全新的学生观，谢兴立开始班级管理文化的重新构建，引导学生积极参与班级管理。

谢兴立逐渐地形成了自己独特的班级民主管理模式，他充分发挥学生的主体作用，如班级标识、班级制度、班级环境布置、班级值日、座位安排、班级活动等方面的事务，他都要求学生全员参与，不再是一人包办，而是让学生在活动中锻炼成长。

对于班级管理中的问题，谢兴立也有意识地用研究的态度，分析问题背后的实质，整理成班级问题集。如：如何快速适应初中生活；如何培训班干部；如何打造班级文化；如何高效学习；如何处理早恋问题；问题学生处理流程；如何进行家校共育；等等。有了大量的研究案例，他在班级管理中遇到同类问题都会游刃有余，用更专业的办法去解决。

如今的谢兴立，深受师生、家长认可，先后获得南海区"十佳班主任"、狮山镇"名班主任工作室"主持人等荣誉。他也深深地感受到班主任专业性得到认可的尊严感、成就感与幸福感。以此为发轫点，他正带领着全镇一批优秀班主任，向着更美好的教育境界进发。

"独行速，众行远。"班主任的专业成长既需要有力的工作机制做支撑，也需要有一个朝研夕论、和谐共生的专业团队。

2020年春节，突如其来的新冠肺炎疫情，打破了原有的祥和欢乐的节日氛围。不可预知的疫情变化，牵动着亿万国人的心。面对纷繁复杂的信息，人们很容易陷入恐慌、焦虑、无助等情绪当中。因此，大众的心理健康维护变得尤为重要，特别是居家隔离学生的心理健康，让无数班主任十分忧心。

作为学校心理健康教育的负责人，官窑第二中学陈德冰老师也在积极寻找应对疫情期间学生心理问题的良方，并尝试借助班主任的力量去做好学生心理健康工作。

2020年4月底，广东迎来了首批返校复学的学生。省市区均下达文件，要求全面摸查学生的心理状态，确保学生能安全重返校园。如何在短时间内掌握全校1400多名学生的心理状态？陈德冰经过深思熟虑，决定联手全校班主任，采取线上测评和线上采访相结合的方式摸查学生的心理状态，由班主任填写学生心理健康状况反馈表，并重点关注排查特殊群体学生。

就这样，有了班主任的援手，陈德冰很快掌握了全校学生当前的心理状态，也为个别关爱对象建立了"一人一策一档案"。班主任团队的鼎力支持，让全校心理健康教育如虎添翼。同时，陈德冰也更多了解了班主任的需求，及时为班主任团队提供更多的专业支撑和帮助。

是否可以通过班主任的参与，形成学校心理健康教育的长效机制呢？一件事激活了陈德冰的新思维。

一天，陈德冰接到九年级班主任赵老师的电话，电话里的赵老师特别紧张和担忧："陈老师，我们班的小文同学现在状态很不好，嘴唇苍白，浑身无力，我看她手臂上有几道刀割的痕迹，怎么办才好呢？"接到赵老师的求助电话，陈德冰约小文来到心理辅导室。

原来，小文生活在一个重组家庭，爸爸早出晚归维持生计，继母在家照顾弟弟。继母对小文管教很严格，结果，因为手机的问题两人发生了争执。小文觉得继母对自己很苛刻，对弟弟却很偏爱，回到房间后一气之下进行了自伤行为。

将近一个半小时的陪伴和心理疏导，小文的情绪终于稳定下来，陈德冰的心头大石也落下了。当天，她通过班主任把小文的父母请到学校，倾听他们的生活感受，也给予专业的家庭教育指导。

通过这件事，陈德冰意识到，心理健康教育离不开班主任的支持，也需要家长的配合，大家都是"同行者""合伙人"。在此后的工作中，她努力构建起一支多元参与的心育团队，一起携手面对教育路上的问题，一起共享孩子成长的幸福。

心守一抹暖阳，静待一树花开！学生的健康成长是学校、家庭和全社会的大事，需要班主任、心理健康教育教师、家长以及更多人的通力携手，共同成为学生成长的"重要他人"，共同点亮孩子们的人生梦想！

用教育思想引领学校，让好校长和好学校相互成就

"一位好校长就是一所好学校"。什么样的校长才是好校长呢？在我看来，一位好校长必须有自己的教育思想、理念，并善于用教育思想去引领学校发展，构建师生的共同愿景。

近几年，让我尤为欣慰的，就是狮山镇有一批校长成长起来了，他们有思想、有理想、有人格魅力，在校内形成了强有力的发展团队，进而发展了一所又一所的优质学校。

颜峰小学校长黄瑞荘就是这支校长团队中的一员。颜峰小学地处有着深厚岭南文化积淀的大圃街道，"尚学"精神源远流长，醒狮文化灿烂辉煌。

2019年，黄瑞庄来到这里任校长，面对崭新的校舍，内心充满着发展学校的强烈意愿。

一所学校要想转变面貌，关键是使学校的规划、目标成为教职工的共识，并能转化为自觉行动。黄瑞庄抓住制定学校发展规划的契机，通过访谈前任校长、社区干部，了解学校发展的历史，倾听大家对学校发展的期望；召开校级家委研讨活动，鼓励家长献计献策；开展行政、党员、科级组长问卷调查，了解他们对学校的意见和建议；指导教师撰写个人发展规划，了解他们的发展愿望；与学生谈心互动，了解学生的需求与困惑。

毫无疑问，学校文化的核心是学校各群体所具有的思想观念和行为方式。经过系统的调研、学习和行动研究，黄瑞庄凝聚众智，确立了"乐以开颜，学以登峰"的办学理念，以"乐学教育"让师生、家长获得成功、幸福的体验。

目标愿景有了，如何落实为学校的创新实践呢？黄瑞庄在行政团队、班主任团队、青年教师团队建设中构建"学研行"组织，形成了"德艺共学""专家领学""名师导学""结对互学""课例研学"的教师发展模式，推进教师"学研行"常态化，努力创造适合学生发展的教育、适合教师发展的管理、适合学校发展的文化。

通过下面这篇教育随笔，可以清晰地看到，黄瑞莊及她的团队在过去一年多时间里走过的历程。

一

学校中层换届，行政班子重新组合，怎样尽快形成合力？整体来看，我校行政团队年龄搭配合理，学科分配均衡。但怎样进一步调动他们的积极性，进而激发教师的积极性？

对于工作经验丰富的干部，我更多的是放权，发现问题再提出整改建议，给予充分尊重和信任。对于团队中的新手，我手把手带教，为他们出谋划策，提供优秀学习资源，帮他们出成效、树信心。

我们建立了每周行政"学研行"研讨制度，对一周的"学习分享、日常观察分析研讨、后续行动计划"进行互动交流，引导行政学会观察与思考，不断发现问题，改进工作方式。为了达成共识，团队学习必不可少，我们一起研读了河野英太郎的《不懂人心，你怎么带团队》，佐藤学的《学校的挑战——创建学习共同体》《为一所理想学校而来》等学习资料，在学习中找寻改革信心和方向。

过去，大家开会都是口头讲要求，每个人只管赶紧讲完了事，其他人也记不住，更难以落实。为此，我们提出要求，开会讲话必须有电子稿，听过不如看过，看过不如写过，记不住的内容事后可以查阅电子稿。对这个要求，大家欣然接受，都觉得很有帮助。

一年多来，整个团队从相识、相知到相互信任，我们一起学习着、改变着、成长着。

二

新校区带来新的发展机遇。我们用乐学文化凝聚学校精神，组织班主任构建"最美乐学教室"。

刚开始，班主任感到很迷惘，不知从何处入手。得知这一情况，我们组织班主任阅读《一间可以长大的教室》《缔造完美教室》等书籍，向他们推送班级文化建设文章，带他们参观学习周边兄弟学校的经验……

班主任的思路慢慢被打开了。有些班组织家委们到校面对面开展研讨，研究班风、班徽、班级管理公约等；有些班则利用微信群讨论设计方案、搜集购买材料、确定制作时间等。

经过两个星期的准备，"最美乐学教室"建设活动开始了，孩子们从家里搬来各种花草植物、制作植物标牌；有的家长利用下班时间、节假日来布置课室，老师、学生、家长们干得有滋有味，不知疲倦，忙到很晚都不肯离开。

经过大家的共同努力，各班精心打造了一个个拥有花香、书香的舒适班级学习环境，让班级每一个角落都具有教育作用，彰显集体特色。我们适时进行评比表彰，组织班主任经验分享会，树立优秀班主任榜样，让打造班级文化的经验在交流分享中不断完善。

"你若盛开，蝴蝶自来；你若精彩，天自安排。"省教研专家来我校，被班主任精心打造的绿色生态班级文化深深打动，专门把广东省优秀中小学班主任培训班的老师带来参观学习。

活动也给青年班主任极大的肯定和鼓舞。204班班主任廖静说，这次"学研行"活动让她领悟到，一个优秀的班集体离不开班级文化"润物细无声"的作用；在打造班级文化时，要多听孩子的心声，让孩子对班级文化有认同感。

三

为了让老教师和青年教师优势互补，我们通过"青蓝结对"，让老教师"传帮带"青年教师。

同时，我们立足课堂研课与磨课，达成锻炼一人、成长一群的目的，通过构建"乐学善思"的"学研行"课堂模式，提高课堂效率，形成课堂"捉虫"文化。

上学期，语文科组张惠芬老师成为小学语文"名师工作室"学员，要上一节研究课，经过几轮磨课，教学效果仍不理想。评课后，她按捺不住沮丧的心情，伤心地哭了起来。

我和分管教学的李校长找她促膝相谈，才知道这段时间磨课，赶上家里孩子不舒服，让她身心疲惫。为此，我们一边鼓励她继续坚持，一边和科组教师协助她做好磨课，帮她细化教学设计，精心修改课件，做好场地布置……张惠芬老师也很快把心情调整过来，转变教学观念，大胆将课堂还给学生，让学生自主学习体验。

在汇报交流中，张惠芬老师明晰激励方法，充分调动了学生学习的主动性和学习兴趣，引导学生习得阅读方法，有效提升了学生的阅读素养。功夫不负有心人。在狮山镇小学语文研讨活动中，张惠芬老师执教的研究课获得一致好评。

四

学校现有教师49人，其中青年临聘专任教师16人。临聘教师工作积极，上进心强，但往往缺乏归属感，工作患得患失。如何让他们感受到集体的温暖呢？

开学初，我们组织临聘教师召开座谈会，让大家敞开心扉交流，倾听他们的发展愿望。我在会上表示，学校会大力支持大家参加考编，希望大家提前谋划，全力以赴复习备考。

　　说到做到，学校随即组织了临聘教师的考编培训活动。邀请此前考编成功的教师进行经验分享，以身示范教大家如何进行自我介绍，如何应对考编笔试、如何进行面试答辩，从文稿撰写、衣着打扮、文明礼仪、现场演绎等进行细致讲解。培训过后，大家都表示收获满满，复习准备更有方向。

　　我们又安排行政干部对考编教师进行分科指导，手把手指导每一位考编教师梳理学科课程标准的教学理念。为了锻炼临聘教师的心理素质和临场应变能力，我们请有经验的科长、名师扮演评委，模拟考编面试环节，在实战演练中让临聘教师发现自己的不足，及时调整修正。

　　临聘教师戚艳姗性格内敛，考编前两天，我主动打电话给她，问她面试时的衣着准备。发现她的衣着不太满意，我帮她参谋，和她一起设计了得体的衣着打扮。她感激地说："谢谢黄校长，我一定会努力的！"

　　令人惊喜的是，本学期学校14名临聘教师参加考编，5名通过了面试环节，其中戚艳姗老师笔试也合格，正式入围。当她开心地向我报喜时，我也由衷地为她感到欣喜和自豪。

就这样，黄瑞莊校长用优秀的学校文化实现文化铸魂、文化导行和文化提质，在优化学校教育中，追寻更好的教师专业成长范式，改变学校教师的精气神。她引导教师在实践基础上进行反思，站在团队肩膀上成长。

一所学校需要有自己的精神文化，让置身其中的师生能感受到一种美好、一种清新、一种诗意、一种浓郁的文化气息。在这样的环境里耳濡目染，审美趣味不知不觉提高，言谈举止日趋规范，情感就会不断丰富升华。

对一所幼儿园而言，特色园本文化建设同样重要。罗村中心幼儿园是狮山的一所"老牌"幼儿园，园长黄江英是一位有着书卷气质的管理者。走进这所幼儿园，随处可供阅读的书香园舍，总让人有一种坐下来慢品的留恋。

在这所幼儿园，处处彰显着浓郁的"阳光教育"特色。作为狮山镇"名园长工作室"主持人，黄江英园长致力于打造全镇的特色标杆园。园内的平衡区、篮球区、跑道、小山坡等多个阳光体育游戏区域，让幼儿的体能和个性自由"释放"。

同时，黄江英园长围绕"阳光教育"文化理念，正在精心设计赤橙黄绿青蓝紫七色阳光评价体系，每一种颜色代表一种习惯，以培养七彩阳光幼儿为己任，打造一支具有生命自觉，创新前行的教师队伍。

黄江英园长自信地说："打造阳光教育特色的重要一环，就是注意提升教师的职业幸福感，引领教师形成共同愿景，提升教师的职业认同感，满足专业自主发展的需要，让教师在工作中体验成功，体现自我价值。"

为此，罗村中心幼儿园的保教队伍一直走在"学研行"的路上。他们构建各类"学研行"组织，设计创意礼仪活动，开展图书漂流，构建阳光体能大循环……幼儿园成立了"健康生活"俱乐部，在坚持做好园内锻炼的基础上，结合节日、季节，组织阳光户外拓展活动，爬山、踏青、远足活动，激发运动热情，养成乐于锻炼的习惯。成立了"开心阅读"俱乐部，鼓励教师、家长积极加入，参与学前科阅读教研，养成静心阅读好习惯。

通过这样的"内外兼修"，罗村中心幼儿园正在着力打造礼仪教育、书香校园、咏春基地等三大品牌标杆。

作为佛山市幼儿咏春实验基地，罗村中心幼儿园开设咏春课程，全园练习咏春操。渐渐地，这里的孩子们变得身体结实、精神强健、勇敢自信。幼儿园多次参与世界咏春拳大赛演出，活跃在市级以上的大型演出和赛事中，先后收获了广东省少儿艺术花会金奖等20多块有分量的奖牌。

聚一群有情怀的人，感悟职业成长的幸福

决定教师专业成长的，可能有很多种因素，而其中最重要的，无疑是教师的发展意愿与成长自觉。当一个教师有了自主自发的成长愿望时，他潜藏的发展动力也就会不可抑制地迸发出来。

而狮山镇全新的"名师工作室＋教研员"的机制，无疑是把教师发展的专业自主权还给了教师，也让真正专业的人来做专业的事，通过专业成长机制的创设，在名师的周围聚集起一群有热情、有情怀的人，共同踏上成长快车。

在狮山镇小学数学名师工作室主持人刘远交的身边，就是这样一群有教育情怀的人，他们怀着强烈的成长渴望，在名师引领下逐渐体验到新的职业成长的幸福与快乐。

狮山镇有46所小学，数学教师近900人，但小学数学师资及学科基础却相当薄弱，面临数学教师年龄偏大、队伍青黄不接、教育

质量不高等现实问题。

面对这样的状况，从选拔工作室成员开始，刘远交老师"广发英雄帖"，采用学校推荐、自主报名的方式，希望选择一批发展意愿强烈的成员，组建一支有学习力、战斗力的专业团队。

最终选出的这些工作室成员，分散在全镇各所学校，有区镇名师、教坛新秀；有深藏低调的孺子牛；也有崭露头角、无所畏惧的生力军。刘远交老师在团队内部进行科学分工。以课堂教学为必备基本能力，分成了"学科研究组、竞赛辅导组、常规教研组、宣传后勤组"，让工作室内部"人人有事做，事事有人做"，增强责任意识，更有互助担当。

富有实效的工作室运行机制，激发了工作室成员的成长热情。一段时间后，不少校长来找刘远交"通融"："工作室成员还有空缺吗？能不能给我们学校增加一个名额？"

这个工作室之所以受欢迎，是因为刘远交和他的团队成员设计了一系列教师们和学校都欢迎的教研活动。为了让活动更加高效，刘远交把全镇分成五个区域，方便学校与教师们的沟通往来。同时根据各学校现有的数学学科综合实力，采用"结对子"的方式，以各小学数学科组长为联络人，分成三个"学研行"小组，将不同层次的学校结为共同体学校。根据课题研究方向，刘老师又在团队内成立了"新基础教育共同体""非线性课题共同体""高效课堂研究共同体"……各小组分合交错，共生共长。

在刘远交看来，全新机制下的"名师工作室"，既是一个教研共同体，又是通过专业引领，让一部分人先"点亮"起来的组织。

为了实现这一目标，刘远交采取了"磨课与重构"和"一人带一校"的内部修炼，创造成员学习、交流的机会与平台，让不同的教师行进在不同的层次上，找到适应自己的成长之路。

日常的教研活动中，刘远交会让成员先自我剖析，确定发展方向，再以成员为中心，组织周边学校成立相应的共同体，在教研活动中挖掘教师潜能，发现问题，找到解决方案。然后，通过对这些共同体的活动进行阶段性复评，基于问题开展有针对性的学习，最终实现"磨课与重构"，抽样打磨出相应课型的精品课例。

工作室成立两年多来，刘远交的工作室陆续开展了6场12人次的"磨课与重构"活动，先后组织了4次高端学习机会，创建了小学数学公众号、云平台……这些有实效、有特色的活动真正让一批工作室成员和数学骨干教师显现出喜人的成长势头。以下是刘远交工作室成员的"成长名片"。

一

两年前，我有幸成为刘远交名师工作室成员。那时的我正处在教师生涯的瓶颈期，虽有一定经验，但总觉得进步很难。自从加入"名师工作室"后，我结识了一批专业素养很高的同行，工作室学习氛围浓厚，跟着这群有教育情怀的人，我的眼界得到了拓宽，对问题有了更深的思考。我一边跟大家共同学习进步，一边参与我校的小课题研究，对自身的提升也有了信心。

我主持的小课题是"数学广角"的案例教学研究。对小学数学的这部分内容，许多教师简直是"谈虎色变"，上不好这方面的课，对数学思想的渗透更是少得可怜。我以前也是这样，但自从加入工作室后，参加了较多的课例研讨、听评课等活动，使我认识到数学的各个知识点之间是系统的、有联系的，形成了一个个知识与能力发展的脉络，正如点动成线、线动成面、面动成体一样。数学没有一个知识点是孤立的，它必然与其他知识有着密切的联系。因此，教师在备课时，要深入研究要教的知识点与原来的什么知识有联系，又为日后的知识做怎样的铺垫，心中有"线"，才能备好一节课。

有了这些认识，我在研究"数学广角"的内容时不再停留在知识的表面，考虑问题更有深度。我设计的"数学广角"内容的教学设计，被专家评价为"教学有深度，有灵魂"，让我教出了自信，教出了好评。

（工作室成员江朝新）

二

作为工作室最年轻的成员，我特别珍惜这个能让自己进步的机会。听说有上研讨课的机会，我踊跃向刘远交导师报名，并带上学校二年级的数学老师冼梓欣一起参加。根据活动安排，我执教的内容是六年级数学上册的"按比分配"。

报名后，我开始了紧张的准备。从第一轮自己进行初次学习备课、撰写教学设计，到收集优秀课例进行参考研究，再进行第二轮教学设计的行动修改。我用心地备课、磨课，听取评课建议，翻阅教参和教学书籍，多次整改，最后终于定稿。

2020年11月13日上午，我和冼梓欣老师分别在不同的课室开展我们的研讨磨课行动。上午的第一次执教后，刘远交导师进行了讲座和分组评课，工作室的杨老师和江老师对我的引入做了修改："在引入部分应该设置悬念，吸引学生的注意力。""在总结的时候，其实平均分配也是按比分配的一种。""板书画线段图应该这样画更规范……"经过两个小时的头脑风暴，我利用午休的时间根据评课老师提出的建议修改教学设计，对教学环节进行了调整。

下午，我和冼梓欣老师再次呈现重构后的课例，得到了教师们的认可。一整天的磨课重构活动，众多教师的智慧汇聚，让重构后的课堂更趋完美。通过这次"学研行"活动，我觉得个人数学素养得到极大提升，在思考碰撞中收获令我惊喜的教学智慧。

（工作室成员魏少萍）

两年多来，刘远交的小学数学"学研行"工作室团队不断前行。2020年，在市、区级数学说课比赛中，工作室成员黄燕丰、刘惠雪分别获得南海区特等奖、佛山市二等奖的好成绩。2021年的市、区评优课比赛中，工作室成员曾美琳和吴如罕又分别获得南海区特等奖、一等奖，刘康荣和蔡楚美分别获得佛山市特等奖、一等奖。

所以，有了团队力量的加持，教师们突破了自身成长的"天花板"，进入新的职业发展境界，过去不敢想象的成长高度，也居然能够在不知不觉中企及了。

在松岗中心幼儿园，张满足、关雪新、孔渐醒三位教师在幼儿园的支持下，自发地组成"学研行"团队，她们的职业生涯也迎来难以置信的精彩绽放。

"年近40、朝九晚五、生活安稳、家庭主妇"，这几年，张满足的工作和生活差不多被这几个词定义了。那时候，真是人如其名，对一切都是知足常乐。哪能料想到，她会突然被"学研行"推了一把，一脚踏进了学习型组织的新样态，和她的伙伴们开始蜕变成长，有了很多不一样的感悟和收获！

一个美丽的意外，改变了张满足对生活和工作的态度，点亮了她的激情和梦想。

有一天，松岗中心幼儿园园长关雪新问她："满足，青年教师教学能力大赛，你有没有参加呀？""没有，那是年轻教师参加的活动呀！"张满足回答说。在幼儿园工作10多年的她自认为是一个"老人"，觉得没必要花时间和精力去应付这样的比赛。

没想到，几天后，张满足又接到园长关雪新的来电："满足，有个事想跟你说一下，幼儿园青年教师教育教学能力大赛，我觉得你应该报名。"

张满足仍不情愿："园长，我想还是把这个机会留给年轻教师吧，我可以做她们幕后的助手。"

　　关雪新却不给她退路："你有这样的胸襟当然很好，不过，我觉得你作为狮山镇骨干教师，应该给年轻教师一个示范带头作用，而且你也有这个实力和优势，不要有什么顾虑。"

　　张满足继续找借口："园长，我在专业上可能是有些优势的，可是您也知道我的短板，我在才艺方面完全不占优势。"

　　关雪新循循善诱："这个不用太担心，每个人都有自己的优势和短板，你只要做好你自己就行。满足，我觉得你可以的！"

　　眼看没有退路了，张满足只好硬着头皮报了名。就这样，她迈进了青年教师教育教学能力大赛的门槛。这次比赛有说课、答辩、评课、才艺展示等四个项目。报名参加的教师们都在紧锣密鼓备赛。

　　张满足先做了自我分析：说课和评课，自己应该没问题。可是才艺展示该怎么办呢？眼看初赛一天天临近了，她还没有决定下来。思来想去，张满足打定了主意：不管结果如何，自己用心准备、做好自己就行了。

　　于是，赛前的日子里，张满足利用中午和晚上的时间，开始重新系统地学习幼儿教育理论，和同伴们一起研究说课结构与模式、评课方式方法。利用她自己的语言表达特长，结合新冠肺炎疫情的时事背景，确定了演讲的才艺展示方式。

园赛如期而至，张满足自信满满上台，时间一晃而过，她觉得还有好多观点没说呢，感觉发挥不尽如人意，没想到，结果出乎她的意料。她竟然被园里选中，和另外一名教师代表松岗中心幼儿园参加片区的比赛。这下张满足真的犯愁了，怎么去应对更高一级的比赛呀？关键时刻，园里的伙伴们适时提供了支持，和她一起并肩作战，让她共同经历了一段难忘的时光。

一

"满足，我们首先帮助你清楚说课的架构。"关雪新园长和孔渐醒老师在详细分析张满足的情况后，形成了一个培养方案。孔渐醒老师给了张满足一个备赛文件夹，说道："这里面是一些优秀的语言说课案例，你先学习学习。"

通过学习优秀案例，张满足打开了思路。她认真吸收，分类整理出不同类型活动的常用目标表达方式、教学环节与教育教学方式。但是她越学习越研究，就越发现，自己对语言领域教学的目标把握不准确，理论支撑不足。

在关雪新园长的鼓励下，张满足静下心来，认真看书，做笔记，通过对《3~6岁儿童学习与发展指南》《语言》《说课·备课·评课》等的理论学习，她对专业理论有了较充分的掌握。

有了理论的支撑，张满足的"学研行"团队开始了语言领域说课的反复练习和学习。从说课时间把握和分配、说课的语速和语调、说课的架构等，毫无保留地提出建议，一起直面问题，解决问题。

一次次的练习，一次次的发现问题，一次次的调整与改进。

第一次片赛如约而至，轮到张满足上场了。她瞥了一眼身后的团队，顿时心中从容。是的，她不是一个人在战斗！她彻底放松下来，镇定说课，从容答辩，真情演绎故事，最终以总分第二名的成绩代表片区参加狮山镇的比赛。

二

动作演绎、语言提升、视频同步，片赛结束回来，张满足和她的团队又一起回看录像，分析问题，马不停蹄地进入镇赛的准备。找出了问题的所在，"学研行"团队一一去攻克、去改进。

"满足，抬头收腹挺胸，对！就是这样的站姿，自信的样子！"关雪新园长不停地提示。

"这个地方，手部动作要再夸张些。"伙伴们一遍一遍地帮她纠正动作。看到团队每个成员都那么努力、那么投入，张满足暗自提醒自己：一定要努力做到自己理想中的样子！

她放下一切顾虑，清空自己，在团队指导下不断练习，不断收获了成长与进步，直到大家都为她叫好。

教学副园长朱颖芬还在休产假，仍返回园里帮张满足备赛，参加了园里组织的模拟比赛后，亲自指导她揣摩角色语言的演绎。朱颖芬悉心指导，张满足认真琢磨，认真练习，慢慢有了感觉。"满足，这次你表现得挺好的！"朱颖芬满意地说。

看着朱颖芬为了帮她备赛，休产假期间还回来帮助她，张满足的心中多了一份感动与感恩！

还有两三天就比赛了，团队仍不满足，要制作演讲故事的背景课件，尽管时间紧促，大家都毫不气馁，分工合作，收集素材，经过连续奋战，终于制作出一份大家都很满意的故事PPT课件。虽然很累，但是伙伴们没有一句怨言。

就这样，在团队的通力支持下，张满足过关斩将，陆续通过镇赛、区赛、市赛……

走下赛场，伙伴们都为她喝彩："满足，我被你感动到了！""满足，棒棒哒！"这时候，每个人都真切理解了"让学习成为一种需要，让研究成为一种生活方式，让行动有效成为一种习惯"的"学研行"组织建设要义。看来，只要你努力，无论什么时候开始都不晚，都一样可以绽放光彩！

三

区赛结束以后，前四名将代表南海区参加佛山市比赛。张满足的心中又多了一分压力，全市比赛高手如云，自己能行吗？她的内心陷入剧烈的思想斗争，紧张着、纠结着、不安着……

园长关雪新似乎揣摩到了她的心思："满足，市赛的舞台更高更大，也是一次更好历练自己的机会！你要对自己有信心，也要记住，你不是孤军奋战，背后有我们这个'学研行'团队的强大支持哦！无论结果如何，你已经战胜了自己，好好地享受比赛的过程吧！"

这一席话瞬间点亮了张满足，是啊，自己背后还有伙伴们在支持！既然已经闯进了市赛的舞台，就轻装上阵去见识一下，看看自己究竟能走多远。

放松了心态，张满足又和团队伙伴一起认真分析备赛的要点，不断整理，不断优化，一本厚厚的日记本被她快写满了。

比赛的前夕接到通知，市赛说课不分领域，而是给定主题，让参赛者自由设计课例。这是比赛以来最大的一个变化，面对规则变化的大挑战，团队的伙伴们马上调整练习方案，结合市赛的规则模拟进行课例设计与说课，在一次次的说课和研讨中进行调整与改进。

市赛中，张满足从容应对，正常发挥，最终取得总分第五名的佳绩，获得佛山市青年教师教育教学能力大赛一等奖，被授予"佛山市教学能手"称号。

这来之不易的荣誉，是张满足过去想都不敢想的。因为这偶然抓住的机遇，因为团队的支持，她收获了事业成长中的一份惊喜和馈赠，也找回了热爱幼教的初心！

因为有了强有力的团队，因为敢于追逐梦想，在狮山这片成长热土上，一大批教师变得越来越优秀，也愈发相信 "学研行"组织的力量和智慧！

他们的成长故事也有力地说明，老师们能发现自我、能唤醒自我，有一群人陪伴着一起成长，构建一种聚力研究、迈向卓越的"学研行"组织，在感悟全新职业价值的同时，留下珍贵的人生印记。

成立"研究生之家"，为狮山教育培养未来的希望

2020年7月5日，狮山镇教师队伍建设的历程中，发生了一件具有重要意义的大事件。

就在这一天，在狮山镇党委和镇政府的支持下，狮山教育"研究生之家"正式挂牌成立了。全镇200多名研究生学历教师和镇党委、镇政府领导及教育专家一起见证这一狮山教育的大事。挂牌仪式在大圃中学举行，两位研究生学历的青年教师，来自石门实验中学的曹建勇和石门实验小学的唐晓惠共同主持了这场仪式。

"成立'研究生之家'，可谓是狮山镇从未有过的壮举，这是狮山镇引进大量人才的决心和魄力。"曹建勇激动地说道。

"吾心安处是吾乡。今天，狮山镇就是人才的家园，是我们共同的家园。"唐晓惠老师动情地说。

正如两位主持人所言，这的确是一件创新之举。狮山教育"研究生之家"是佛山首个研究生学历教师互助成长联盟、狮山镇研究生学历教师"学研行"组织。为这批高素养青年教师成立一个专业性的组织，是这几年我一直思考的事，经过奔走呼吁，多方筹备，现在终于成立了，也算是完成了一个心愿。

为什么要成立这个"研究生之家"呢？近年来，随着狮山镇对引进高水平教育人才的重视，越来越多的高学历人才进入狮山教育系统，其中有一大批是研究生学历的。这些青年教师具有很好的知识素养，也有从教的热情，来到狮山镇后，怎么保障他们尽快适应中小学教育教学需要，给他们充分的专业支持和人文关怀，让他们发展好、留得住，是一件关系狮山教育未来发展的大事。

2019年底，我们曾做了一项摸底调研。据"研究生之家"筹备处崔砚老师统计，当时的狮山镇共有研究生学历教师212人。从年龄结构看，23岁至29岁的有150人，30岁至39岁的有56人，40岁以上的6人；从学段分布看，小学56人，初中115人，高中41人；从教师身份看，民办校聘127人，公办在编70人，公办镇聘15人；从职称来看，未有职称147人，初级职称27人，中级职称36人，副高级职称2人；从名师结构看，非名师197人，镇级以上名师15人；从男女比例看，男研究生34人，女研究生178人……

由此可见，这是一支非常年轻有潜质的队伍，也急需通过专业支持和引领让他们得到更好的发展。从长远来看，未来进入狮山教育的研究生学历教师会越来越多，教育行政部门必须未雨绸缪，为他们搭建一个专业成长的平台、组织和机制，实现研究生老师"一年起好步，二年打基础，三年变成熟，四年成骨干，五年成名师"的成长愿景。

为此，我们在2019年10月成立了筹备组，提出了基本的组织架构设想，交由镇教育局陈富瑜老师负责。

我们设想这个"研究生之家"不能是个有名无实的组织，一定是一个有具体职能、正常运转、服务于研究生教师专业发展的实体组织。按照相关组织管理的规定，这个"研究生之家"必须要有明确的章程。

拟定章程的任务就落在了陈富瑜头上，做事一贯认真、有热情的他带着筹备处的几位同志多方查询资料，多次向我汇报工作进展，前后对章程文稿进行了十多次的研讨修改。

"研究生之家"是个什么性质的组织呢？章程草稿的第一条开宗明义规定："'研究生之家'是在狮山镇教育党委领导下、狮山镇教育发展中心指导下，代表狮山教育系统研究生的群众性学术共同体组织，本会依照国家法律法规、狮山教育系统规章制度和自己的章程，在'点亮教育'理念指引下，以'学研行'方式独立自主开展工作。"

这可以说是"研究生之家"的性质，也是成立的初心。为了保障这个群众性学术共同体组织能够健康发展，镇教育局管理团队经过反复讨论和推敲，在章程中写进了这样几条重要工作原则。

工作理想：将"研究生之家"打造成为推动狮山教育改革发展的"人才智库"。

教育追求：将教育作为终身事业而不是谋生手段，培养有信仰、有思想、有情怀的自主成长型高素质教师，力争成就学校后备行政干部、打造教育学科领军人才。按照"学研行·互助共同成长"的要求，以"自我服务、自我管理、自我教育"为宗旨，带领全镇教育系统研究生教师团结拼搏、勤奋学习、锐意进取、潜心科研、共同成长，为全镇其他教师"学研行"专业成长树立成功范式。

搭桥建台：充分发挥桥梁纽带作用，为研究生教师搭建成长平台。密切联系学校与研究生教师的关系，畅通学校、教育研究机构等与研究生教师之间沟通的渠道，在维护国家利益、学校利益和教师利益的同时，积极参与学校事务，反映研究生教师的建议和要求，全心全意为学生和学校服务；代表全镇研究生教师对外联系，构建与教育科研机构、南海大学城等高等院校、省级与国家级教育杂志社的友好关系。充分点亮研究生教师的发展内驱力和教育智慧，将"研究生之家"打造成为能够持续增长学习力、研究力和行动力的、富有生命力的"学研行"教育生态组织。

这几条原则非常重要，既清楚说明了成立"研究生之家"的重要意义、发展宗旨，也为这个组织的健康发展提出了系统性的工作思路。

章程确定后，在报有关领导和部门批准后，筹备处又很快完成了"研究生之家"徽标与会旗的设计与制作、研究生导师的聘请、成立大会的流程细节等工作。一切准备就绪，挂牌仪式随即举行。

记得在狮山教育"研究生之家"揭牌仪式上，狮山镇镇长黄伟明现场致辞。他指出，作为生产总值上千亿元的产业经济大镇，狮山数千家高新技术企业对人才的需求十分旺盛，狮山镇委镇政府高度重视教育人才。成立"研究生之家"，为培养学校后备行政干部、培育教育学科领军人才开展有益的尝试，这是教育部门的创举，镇委镇政府将全力支持，不遗余力地为研究生学历教师搭建一个互助成长的"温馨家园"。同时，他希望将"研究生之家"发展成为有活力、有思想、有创造的教师人才哺育基地。

成立仪式上的一个重要议程，就是举行郑重的"拜师礼"。我们为研究生教师们聘请了一批成长导师，其中有华南师范大学城市文化学院邓大情博士，广东省中小学校长培训中心办公室副主任谈心博士，佛山市教育局教科所所长舒悦博士，中共佛山市委党校副校长蒙荫莉教授，佛山科学技术学院生命科学与工程学院执行院长黄淑坚博士，大湾教育研究院院长胡见阳博士，等等。这样一批既有较高学养，又有丰富教育经验的导师团队，也是保障"研究生之家"实现高水平发展的关键。

"拜师礼"是尊师重道的体现，也是开启成长之路的见证。其中寄寓着我们对这些高素养青年教师殷切的期望。

2020年教师节当晚，一场由"研究生之家"组织的教育论坛在英才学校举行。当天，狮山镇教育发展顾问、华东师范大学李政涛教授来到狮山镇讲学。听说狮山镇有一个"研究生之家"，李教授十分赞赏，主动要求参加这次教育论坛，与这些研究生教师进行对话。在这样一个特别的场所，学者、名师、名校长与青年教师们一起，畅谈对狮山镇五年规划纲要的理解，也畅想教师专业发展，憧憬着狮山教育的美好未来。

"能参加这样一场论坛，与名家名师对话，感觉特别幸运。今年这个教师节，我们过得特别充实。"青年教师曹建勇激动地说。

我想，这些研究生教师是幸运的！他们赶上了狮山教育最好的发展时机，也有了实现理想抱负最好的创业空间。正是有了"研究生之家"这个组织，他们得以与名师大家对话，有了更高的成长起点和更美好的事业前景。

狮山教育的未来，也需要这样一批有信仰、有思想、有情怀，有强大成长内驱力的未来教师。我们热切期盼，这些青年教师能用他们的生气与活力，为狮山教育带来新的气象，尽快成为教育改革发展的领军人才。

如今的狮山教育，越来越多的成长共同体为教师提供了发展平台，为他们照亮前行的路，注入教书育人的坚定理想和信念。

在狮山镇的幼教队伍中，官窑中心幼儿园青年教师张婉华是佛山市优秀班主任，也是狮山镇幼儿园"名师工作室"主持人。她和工作室的伙伴们一起，致力于打造狮山学前队伍的特色品牌。

官窑中心幼儿园是一所备受社会各界关注的优质园所，近年来吸引了一批青年教师加入。如何培养和留住教育人才，是事关幼儿园可持续发展的当务之急。

面对迫在眉睫的人才建设重任，园长董艳找到了张婉华，告诉她全镇要选拔一批一线优秀教师作为标杆，成立工作室，带动更多狮山教师发展。她鼓励张婉华参选"名师工作室"主持人竞岗。

当时的张婉华正怀了二胎，对于园长的信任与期待既十分感激和信任，又有些纠结和畏难。是抓住机会，还是知难而退？她有些举棋不定。

最终，在董艳园长和家人的支持下，张婉华答应了。在剖宫产后的第三天，强忍着伤口疼痛，在医院里完成"名师工作室"主持人竞选的视频录制。

人生难得几回搏！就这样，张婉华在被点亮的同时，也肩负点亮更多人的重任，接过"狮山镇幼儿园张婉华名师工作室"的牌匾。摆在张婉华面前的，是一系列颇具挑战性的问题：幼儿园的品牌是什么？如何履行主持人的引领职责？如何打造狮山幼儿教师的特色品牌？

首要任务是要在幼儿园教师中营造浓浓的学习与研究氛围。按照全镇"学研行"组织建设指导要求，张婉华在工作室内也着手建立不同类型的"学研行"组织。

多年来，官窑中心幼儿园在品牌建设上积累了丰富的经验，幼儿园提出"童梦教育"办园理念，形成了极富创意的"童梦养成""童梦家园""童梦工坊""童梦培训""童梦健康""童梦文化节"等六大品牌特色。张婉华把这些经验加以迁移运用，在工作室建设上也参照了"童梦教育"理念，打造适合狮山幼儿园教师发展的特色品牌。

两年多时间，成效相当显著，张婉华和她的工作室成员取得一系列各级别奖项，其中论文43篇、微课19个、视频7个、公开课12节、科技作品21个。

这些亮眼的成绩，是全镇学前教育"学研行"团队研修机制建立、一批年轻幼儿教师的职业理想被点亮、逐渐体验到专业尊严感和职业幸福感的结果。当然，张婉华自己也在这个过程中，实现了专业上的"蝶变"，留下一连串闪光的足迹："佛山市优秀班主任""南海区优秀教师""南海区学前教育先进工作者""狮山镇优秀指导教师"……

师生同生共长，创造水乳交融的美好教育

"教师是教育发展的第一资源"，是因为教师的成长使学生成为最大的受益者。师生同生共长，创造学生喜欢的教育，也创造相互激励、水乳交融的美好教育。

走进狮城中学小学部会议室，映入眼帘的是几十个金灿灿的奖杯和奖牌：中国小金钟主持人选拔赛优秀单位，全国民族龙狮展示活动金奖，佛山书香文化节优秀组织单位，佛山市微家书传家教优秀组织单位，佛山市青少年乒乓球锦标赛第一名……

这些骄人的荣誉，都凝聚着狮城中学小学部校长黄凤葵的智慧和心血。曾获广东省优秀少先队辅导员的她谈及这些荣誉，更多强调的是教师的重要作用。"教师的成长是我当校长成功的唯一标准。只有培养了教师，才能培养学生；没有成长的教师，就没有成长的学生。"

翻开黄凤葵校长的成长经历，27年的教龄里有16年担任大队辅导员的她，可谓是一名"资深"少先队辅导员。在十多年的星星火炬的天地里，她带领着少先队员们开展雏鹰争章、特色主题队日、劳动实践活动……各种创新的队活动形成了学校的特色品牌。

究竟是什么让黄凤葵实现了自我超越，成长为一位富有管理智慧的学校管理者的？这位新生代校长又怎样成事成人，形成自己的成功办学经验的？

几年前，基于狮山教育发展的需要，狮城中学率先改变办学体制，由完全中学改为九年一贯制办学。黄凤葵被一纸调令送到狮城中学小学部，成了小学部负责人。

接过调动信函，黄凤葵内心忐忑不安，新的挑战在她没有丝毫准备的时刻向她走来。作为一名新手校长，黄凤葵暗暗下决心，绝不辜负领导的殷切期盼。她开足马力，利用各种渠道学习了解九年一贯制办学，在时任狮城中学校长黎赞洪的指导下，很快构思好了小学部的发展规划。

狮城中学是南海区首批公办九年一贯制学校，区内没有可以学习借鉴的学校。黄凤葵向一直指导自己成长的师父、时任狮山中心小学校长的徐润基求教，徐润基说，深圳的九年一贯制办学已经是遍地开花，介绍她向名校南湾学校学习。

在师父指点下，黄凤葵搜集了大量九年一贯制学校的办学经验，研读相关的办学论著。"他山之石，可以攻玉。"学习让她心中的迷雾慢慢消散，前行的路开始明晰，小学部办学构思逐步成熟。

那一年暑假，黄凤葵的父亲中风住院了。她每天在医院一边照顾父亲，一边筹备小学部的开办事宜，制定各种管理制度，推敲办学理念的表述，拟定教师培训和学生日常管理计划……各种办学构思，写满了整整一本笔记本。

小学部开办的前两年，办学规模不大，在她和全体教师的共同努力下，安全有序地度过初创期。两年后，经受了办学实践考验的黄凤葵，正式担任狮城中学副校长，全面负责小学部管理工作。

为了拓宽视野，黄凤葵把李镇西校长作为自己的"网络师父"，关注了李镇西的公众号"镇西茶馆"，认真研读李镇西的《老师教我当校长》《校长手记》等著作，学习和研究名校长的经验，不断运用到小学部管理实践中。她还关注了"新校长传媒""校长派""校长视野""人民教育""广东教育"等公众号，每天浏览学习和研究。最难能可贵的是，她坚持写管理日记，反思工作得失，不断积累管理经验。

黄凤葵成长的每一步，都与注重学习研究有着分不开的联系。当时，正值狮山镇教育局推进省级课题《基于"点亮教育"实践的中小学幼儿园教师专业自主发展模式研究》，黄凤葵便积极参与其中。

以课题为抓手，黄凤葵在小学部迅速成立各类"学研行"成长小组，从行政到科组、备课组，从校长到级长、科长、科任老师，从学校组队到教师自我组队，让"学研行"小组在校园全面开花。

"作为校长，我是在学习和研究中被点亮，我又如何点亮我的教师、我的学生呢？我想，关键就是要激发大家的内驱力，促使自我发展和激励他人发展。"黄凤葵校长如是说。

小学部的青年教师居多，他们都有进步的愿望，也各有亮点，黄凤葵校长充分了解他们的个性、兴趣爱好和发展愿景，借助以课题研究为教师们搭建发展平台，创造性地利用各种优质、多元化的资源和手段，激活教师发展的内驱力，引领教师自主、共生、抱团修炼，用教师的发展促进学生的快速成长。

为保障教师们真学、真研、真行，黄校长要求每个教师必须制订自己的个人成长计划，每个"学研行"小组都要有管理制度，有周期的学习行动计划，有学习收获和行动反思。就这样，各个"学研行"小组的氛围越来越浓。"学研行"书法小组利用课余时间组队报班学习书法；"学研行"语言艺术小组拜老艺术家为师，丰富教学技能；"学研行"班主任小组定期举行班级管理论坛；"学研行"学科小组开展主题研究课……

如今的狮城中学小学部，真正实现了"学研行"组织建设的"一小组，一特色"，教师专业素养快速提升。邓静华、刘远交、谭惠桢等新上任的行政干部在管理上都可以独当一面；罗少珊、招少颜、林锦浩等级长、科长的管理能力和专业素养得到快速提升。

学校成立了舞龙队、足球队、篮球队、美术动漫社、信息技术小组、语言艺术社、戏剧小组、彩芽文学社……各种社团成了学校的办学品牌，参加各级各类比赛屡屡载誉而归。

我想，如果说"岭南教育名镇"是一块高地，那么这块高地一定是由一座座林立的高峰组成的。所谓高峰，就是优秀的教师群体和从群体中脱颖而出的一批名师。

狮城中学初中部的黄浩武老师，是全国优秀辅导教练、南粤优秀教师、广东省信息技术学科带头人、佛山市优秀青年教师、南海区骨干教师、南海区十佳教师……他正逐渐成长为在当地小有影响力的名师。

但谁能想到，这位优秀教师也有一段在专业成长上苦苦挣扎的经历，又在狮山富有活力的教师成长机制下，找到了自己的努力方向，实现了职业发展的新生。

毕业于非师范专业的我，非常向往当老师。可是，第一次走上三尺讲台，看到教导处主任走进教室，在后排坐下。一瞬间，我心里突然好紧张，话音颤抖，讲解演示失误频频，课堂完全失去了控制。

我一边讲一边留意教导主任的神情，只见他眉头紧皱，不停地用笔在听课本记录着。时间过得漫长，终于下课了，我感觉糟糕透顶，教导主任也坦率地指出我这节课的问题："浩武，这节课最大的问题是没有做到因材施教，任务过多，难度偏大，大部分学生都没能掌握你所讲的内容，课程效率很低。"

听着这样的评价，我耳朵发红，不停地点头，头脑一片空白。就像这样，刚上班第一个月，我不断受挫，几乎想放弃教师这个职业另谋出路。但冷静一想，回想自己跨入教育行业的初心，又不甘心放弃这个曾让我仰慕已久的职业。

自此，我开始多方学习，向有经验的教师学习，走入课堂向同事学，网上搜集教学视频向高手学。对我上的每一节课，我都尽可能将上课过程录下来，课后反复观看，不断反思，不断磨课……然后再满怀信心地站在学生面前。

初为人师的这段经历，也让我意识到学习、研究、反思对教师提升专业素养的重要作用，也使我由衷认同"学研行"理念。

工作两年后，我渐渐有了新的困惑，作为信息技术学科教师，我提升自己职业价值的方向在哪里呢？

正当我彷徨无依时，校长找到我："浩武，现有一个全国信息学奥林匹克联赛，你是计算机科学与技术专业毕业的，学校决定选拔学生成立信息学奥赛辅导小组，由你来担任辅导教练。"

我又惊又喜,自己不是一直期待要在信息技术学科做出成绩吗?这次竞赛辅导就是一个很好的机会,可以让我一展所长!

于是,我激动地答应了,从此找到了一个适合自己的职业发展方向。两年多过去了,我辅导的学生范卓基参加全国青少年信息学奥林匹克竞赛,以高分位列广东省第八名,获得全国一等奖。这次获奖实现了学校在全国竞赛中获一等奖"零"的突破,也大大激发了我前进的动力。几年来,我不断通过"学研行",在教师岗位上站稳了脚跟。

就这样,随着信息学竞赛活动的推进,黄浩武渐渐意识到,要在学科竞赛中取得更好成绩,除了教师的教学能力和素养提升,更重要的是要有具备创新素养的好学苗,从小培养学生的创新意识。

机会很快来了,不久后,时任狮山第一小学校长的巫洪金给他打电话:"黄老师,我们学校想打造信息学特色教育,您能定期过来指导我们的学生和教师吗?"

"这可是双赢的好事啊!"既可以帮助狮山第一小学提升信息学辅导水平,又可以提前为初中培养优秀学苗,更好解决生源问题。于是,黄浩武很爽快地答应了。

经过一段时间摸索,眼见这项工作初具成效,狮城中学又与狮山中心小学和狮山第一小学达成了共识，由三所学校的信息学教师建立首个"学研行"信息学共同体。

对黄浩武来说，这简直是如虎添翼，他工作的劲头更足了，几年来牺牲了大量个人休息时间，在带好本校学生信息技术小组的同时，他每两周定期到小学去辅导学生，并指导小学信息学教师提升辅导方法和技巧。

初小学科共同体的新探索渐入佳境，形成了从小学到初中"一条龙式"的信息学共同体培训梯队。以信息学为龙头，狮城中学连续9年进入广东省初中学校前十强，稳居佛山市公办初中前二名。

而黄浩武很快又有了更高远的目标，作为南海区信息学名师，他希望将信息学队伍做大做强，引领狮山镇信息学竞赛的发展。于是，在狮山镇信息技术学科教研员林剑平的支持下，全镇首个"学研行"信息学名师工作室成立了，由黄浩武担任工作室主持人。

黄浩武在工作室里开展了一系列的学科教研活动，定期组织成员到各小学去听课、上示范课，指导全镇信息学教研的开展，并以狮城中学为镇信息学培训基地，定期组织师生到基地进行体验式学习。

近几年，狮城中学成了全镇乃至市、区级信息学高地，黄浩武的学生先后有30多人次在全国比赛中获一等奖，这些学生高中毕业后多人考入清华大学、中山大学、华南理工大学等名校。在2019年全国信息学联赛中,黄浩武曾辅导的两位信息学选手涂建鹏和孙遥成绩喜人,涂建鹏同学以满分成绩勇夺全国第一名,孙遥同学在2020年中考进入佛山市中考屏蔽生之列。

而黄浩武的工作室成员也有4名教师成长为区名师,其他全部成长为镇名师,其中有3人晋升为副校长,4人晋升为教导主任,黄浩武本人也升任狮城中学副校长。这些成绩真正说明,当一群人的理想和信念之灯一旦被点亮,将会爆发惊人的能量,也将会点亮更多的人。

看着这些教师的成长经历,我心里总会涌起莫名的感动和幸福。其实,教育就是这样一项迷恋他人的成长、为他人的成功而感动的事业。这些年来,看着狮山一批批校长、一批批名师逐渐成长起来,在市、区乃至全省、全国崭露头角,看着千千万万狮山学子健康、阳光、自信、活泼、儒雅的样子,我由衷地为他们感到自豪。

作为一个区域教育管理者,我所期待的"岭南教育名镇"不就是由这样一些人来承载和实现的吗?有了"大城良师",才有狮山的"品质教育",才有高素养、创新性的狮山未来建设者。他们是我事业价值的显现，也是我的幸福与快乐所在。

随着千亿大镇狮山产业的转型升级，今天的"狮山智造"正发挥着越来越大的影响力和吸引力，为中华民族伟大复兴的中国梦贡献着自己的力量。我相信并期待着，有了我们"学研行"理念下的教育生态变革，在不久的将来，点亮教育理想的"狮山智造"——"岭南教育名镇"，也同样会成为一张闪亮的教育名片和标志，为教育改革发展贡献着狮山智慧，我将和全体狮山教育人及万千学子，怀揣着梦想，继续点亮、继续奔跑，奔向更美好、更光明的未来！

后 记

多年前，作为学校德育副主任的我，无意中读了管理学大师彼得·圣吉的名著《第五项修炼》。读完后，心里抑制不住的喜悦，有一种豁然开朗的感觉。

这本书我后来又反复读了许多遍，也推荐给身边的很多人，对彼得·圣吉在书中提出的自我成长与组织变革的"五项修炼"——自我超越、改善心智模式、建立共同愿景、团队学习、系统思考等，我至今仍熟稔于心，并经常反思省察，大有裨益。

在这些年的教育经历中，我的许多教育改革行为无论是观念还是方法都深受彼得·圣吉的影响，也有专家评价，我提出的"学研行"组织建设理念，就是"学习共同体"理论在教育上的一个变式和创新发展。这样的评价既是对"学研行"价值的高度认可，也是对我莫大的褒奖和鼓励。

的确，从学校德育主任、校长到镇教育发展中心主任，这十多年来，不论在哪个教育岗位，虽然工作职责不同，但我的基本教育理念始终是一致的：那就是确立教育的理想目标，通过团队学习，改善大家的思想认识，提升大家的方法智慧，进而建立起对教育的共识，在共同成长中找到整体性、系统性变革的工作路径。

这可以说是我的教育初心，也是我作为一个教育管理者的使命，就像我提出的"点亮教育"理念一样，把教育作为点亮人的事业，既努力实现自我点亮，也点亮身边更多的人。

同样影响我专业发展的，还有这样一件事：十几年前，区教育局组织一批教育干部前往辽宁盘锦，向教育改革家魏书生老师学习。

遗憾当时因为某些原因而错过当面向魏书生老师学习的机会，但是，这并不影响我从视频中、隔空互动中学到真知。魏书生老师几十年如一日孜孜不倦地教导学生，享受着快乐工作的原动力，是我努力探求而又百思不得其解的地方。魏老师释疑道：一个人先得把自己"看小"，才能够满怀感恩之心对待世界、对待他人。与世界相比，人是那么渺小，一生又是那么短暂，只有抓紧时间做事，品尝做事的快乐，同时影响更多的人，让他们懂得学习、工作、尽责、助人是享受而非痛苦，才不虚此行。

这些话平易、浅显，却耐人寻味。魏老师快乐工作的动力所在，也是他成为教育家的重要因素，就在于他是一位"得道之人""开悟之人""身心合一之人"。他把学习、工作、助人当作享受；把让更多人享受这样的幸福与快乐，当作他的教育使命和人生使命。

除了魏书生老师，这些年，我还有幸结识了任小艾老师、顾明远先生、李政涛教授、李季教授等名师大家，他们是我人生路上和事业上的导师，给了我很多发展的建议，提出许多金子般宝贵的意见。

在如今这样一个资讯发达、技术便捷的学习型社会里，我们的校长和教师一定要不惮于浅陋，鼓足勇气，坚定信心；树立更高远的目标，走上更广阔的平台，善于向一流的专家名师学习，正所谓"发上等愿""择高处立"便是如此；要善于读好书，交良师，与智者同行，与良师为伍。在教育工作中，在我们的专业成长中，做一个具有强大学习力、研究力、行动力的人。

我们的国家、我们的时代已经为我们提供了比任何时候都要好的成长环境，我们有什么理由不去满怀欣喜地拥抱学习、拥抱成长，迎接更好的自己呢？

近年来，狮山教育努力做的一切，就是为每一位教师、每一位学生、每一所学校提供更多的成长机会、更大的发展平台、更广阔的教育背景，"天高任鸟飞，海阔凭鱼跃"，让大家在最好的时代实现最美好的梦想！我想，只有秉持这样的信念，我们才能通过几年来的镇域教育变革，通过这一项课题研究获得精神成长，包括理念、方法、素养等的收获，才能在干事创业中成就自我。

基于此，我们怀着精益求精的态度，非常认真地对待这次课题成果的梳理提炼，多次召集专家和课题骨干成员研讨交流，组织实验学校和教师进行多轮的实验成果征集、修订与评审，从方案、框架、内容、素材等方面，对这本以教育叙事方式呈现的研究成果反复推敲打磨，数易其稿，层层把关，力求真实、客观、准确反映狮山教育。

作为一项集体研究成果，相信许多狮山教育人都能从中看到熟悉的人和事，找到自己的智慧结晶，特别在成果编撰、修订的过程中，蔡阳合、巫洪金、陈富瑜、钟剑涛、吴珍、黄小洁等骨干人员，精诚合作、不计得失，付出了辛勤劳动，提供了宝贵的意见和建议，才最终有了这项教科研成果的诞生。

最后要满怀感恩之心，向始终关心狮山镇"学研行"开展情况并予指导的顾明远先生，向百忙中担任狮山镇教育顾问、以真知灼见为本书写序一的李政涛教授、序二的李季教授表达深切而诚挚的谢意。同时要感谢资深教育媒体人、《中国教师报》原全媒体运营中心主任白宏太，作为课题指导专家，也是本书策划人，在课题研究和成果提炼中提供的全程指导。在写作的最后阶段，要感谢我的好朋友杨青兰先生，是她帮助每章节的润笔把关。他们的支持与鼓励是我和狮山教育不断努力向前的强大精神动力。

当然，这本书的出版只是成长的一小步，距离理想的教育还有很远的路。期待更多教育同行走进狮山，不吝赐教，一如既往地给予关注、支持与指导。

梁刚慧

2022年7月